河南省高等学校哲学社会科学创新人才支持计划资助

公民体育权利的证成与实现研究

张志伟／著
By Zhang Zhiwei

法律出版社
LAW PRESS·CHINA
北京

图书在版编目(CIP)数据

公民体育权利的证成与实现研究 / 张志伟著. -- 北京 : 法律出版社, 2023
ISBN 978-7-5197-8132-3

Ⅰ. ①公… Ⅱ. ①张… Ⅲ. ①公民－体育－权利－研究－中国 Ⅳ. ①D922.164

中国国家版本馆 CIP 数据核字(2023)第 138406 号

公民体育权利的证成与实现研究
GONGMIN TIYU QUANLI DE ZHENGCHENG YU SHIXIAN YANJIU

张志伟 著

策划编辑 刘秀丽
责任编辑 刘秀丽
装帧设计 汪奇峰

出版发行 法律出版社
编辑统筹 法商出版分社
责任校对 李慧艳
责任印制 胡晓雅
经　　销 新华书店

开本 710 毫米×1000 毫米 1/16
印张 9.25 **字数** 140 千
版本 2023 年 8 月第 1 版
印次 2023 年 8 月第 1 次印刷
印刷 唐山玺诚印务有限公司

地址:北京市丰台区莲花池西里 7 号(100073)
网址:www.lawpress.com.cn
投稿邮箱:info@lawpress.com.cn
举报盗版邮箱:jbwq@lawpress.com.cn

销售电话:010-83938349
客服电话:010-83938350
咨询电话:010-63939796

书号:ISBN 978-7-5197-8132-3 **定价**:48.00 元
凡购买本社图书,如有印装错误,我社负责退换。电话:010-83938349

contents 目录

Chapter 03

第三章 公民体育权利实现制度保障不足的主要原因与宏观治理策略

Chapter 04

第四章 实现公民体育权利的微观立法对策

绪　言

伴随我国体育事业和体育法治建设的快速发展，萌生于20世纪80年代的体育法学研究在我国也得到了较大发展。近年来，中国人的法治观念、权利意识显著增强，体育权利日益成为学界和社会关注的热点问题。权利理论对任何一个部门法而言都至关重要，体育权利是体育法建构的起点，体育权利的研究属于体育法学的基础研究。在学界，以体育权利为主题的理论研究不断涌现。对于什么是体育权利，国际公约中没有明确的回答，我国立法中也没有出现过体育权利的概念，故其至今没有统一的定义。广义的体育权利包括所有在体育中产生或与体育相联系的权利，是普通公民、特定公民（运动员等人）依法享有的体育权利；狭义的体育权利是宪法上规定的一项独立的基本权利，指所有公民享有的宪法上的体育权利。目前国内学界研究的体育权利主要是狭义上的体育权利，本书研究的体育权利也是狭义上的体育权利。

本书的研究现状。从文献检索的情况来看，国外研究中的体育权利一般指体育组织的经济利益和运动员的权利，体育组织的经济利益主要包括体育赛事转播权、体育联盟的成立与运营、体育组织的运营权等，运动员的权利主要研究运动员与人权、运动员的平等参与权、运动员的形象权等，如基德等著的《加拿大运动员的权利》。在国外的体育权利研究中，我们目力所及之处尚没有关于公民体育权利证成与实现的专题研究。国内学界对体育权利的研究主要集中在体育权利如何证成与如何实现两个方面：

第一，公民体育权利的证成。

20 世纪 90 年代，以于善旭教授为代表的体育法学者开始对公民体育权利进行研究，目前体育法学界形成的共识是：体育本身的广泛性和丰富性使其与社会很多活动都发生关联，如学校体育和体育科研文化活动都是体育的一部分，故受教育权和科研文化活动自由权中包括相应的体育权利。笔者认为，在当时的时代背景下，受经济发展水平所限，政府在民生体育方面的投入可以说是十分有限的，国家发展体育事业的重心在学校体育和竞技体育上。在这样的实践条件下，体育权利作为一个崭新的权利概念，其内涵所依据的现实基础主要是在校学生所享有的与体育活动相关的权利和运动员、教练员、体育科研工作者在竞技体育中基于自己的创造性劳动所享有的请求国家给予相应物质帮助的权利。换言之，从学校体育和竞技体育的角度讲，在受教育权和科研文化权利中包含着公民的体育权利。自 1995 年以来，我国全民健身事业快速发展，党的十八大提出广泛开展全面健身活动，2014 年，国务院发布的《关于加快发展体育产业促进体育消费的若干意见》将全民健身上升为国家战略，并将其作为打造健康中国的重要支撑点。目前我国已经建成比较健全的、覆盖城乡的全民健身公共服务体系。在这样的背景下，不少学者从基本权利的层面探讨体育权利的法律属性及其在宪法上的独立性问题。此类研究存在较为明显的争议，主要集中在体育权利是否为我国《宪法》上的一项基本权利，其是否具有独立性。

学者们针对这个问题的观点主要可以分为两类。一部分学者支持体育权作为具有宪法属性的一项基本权利而存在，另一部分学者认为体育权并不是《宪法》上的一项基本权利。否认派的观点主要是认为，“体育权”这个概念本身就是由学者们虚构出来的一个概念，[①]并不能从现存的法律法规中找到“体育权”这个明确的字眼，因条文中仅明确规定了“国家发展体育事业，开展群众性体育活动，增强人民体质”。肯定派认为，体育权可以作为《宪法》上未明文列举

① 参见杨腾：《体育权：权利泛化语境下的虚构概念》，载《武汉体育学院学报》2014 年第 6 期。

的一项基本权利而存在，[1]其可以从《宪法》第 21 条推导出来，因为无论对其的规定是出现在《宪法》的总纲部分还是出现在公民的基本权利和义务部分，其都是《宪法》文本的一部分，可以认为其被未明确列举而把它当作一种未明文列举的权利状态，但是不能否认其存在。学者们对于体育权利是否在《宪法》上存在的争论焦点在于是否可以运用权利推定方法推导出体育权利的存在。肯定派运用国家义务对应公民权利的推理逻辑认为体育权利是我国《宪法》上的一项基本权利，但这种推理逻辑显得过于简单了，因为我国《宪法》文本上有不少关于国家职责的条款都没有明确对应的基本权利，显然，对体育权利宪法性质的论证尚不具备说服力。

体育权利宪法属性的另外一个问题是：如果体育权利在《宪法》上存在，其在基本权利的谱系中是否具有独立性。有学者认为，《宪法》中的生命健康权、受教育权等基本权已经足够撑起对体育权利的保护，故体育权利在《宪法》上并没有其独立的价值。[2] 与之相反的观点是，体育权是一种独立的基本权利，它并非派生性的权利。[3] 该观点重点论证了体育权与健康权的区别，认为体育权不能成为健康权的主要内容，但没有对体育权与受教育权、科研文化权等权利的区别进行深入的法理论证。另外，论证体育权利在基本权利体系中的独立性时也要注意到宪法各项基本权利之间在内容上并非泾渭分明，而是存在一定交叉的。当前的独立性论证由于没有注意到这一点，显得不够严谨和全面。

有学者为了说明体育权利是《宪法》上的一项独立权利，以世界上别的国家对体育权利作出了明确规定作为依据，其发现在世界上 180 多个成文宪法国家中，有 40 多个国家在《宪法》的公民权利一章中规定了体育权利。[4] 这种域外法学的研究可以开阔我们的研究视野，为我们进行比较法学的研究提供宝贵的资料，但这种论证不能说明体育权利是我国《宪法》上的一项基本权利，也不能在理论上直接说明体育权利是各国宪法上的一项独立权利。首先，别国的规定不

① 参见高景芳：《论公民体育权的宪法属性——一个“半真正未列举权”的视角》，载《武汉体育学院学报》2016 年第 8 期。

② 参见张健：《体育权利研究的限度与转型》，载《成都体育学院学报》2017 年第 1 期。

③ 参见姜世波：《论体育权作为一种新型人权》，载《武汉体育学院学报》2018 年第 4 期。

④ 参见陈华荣、王家宏：《体育的宪法保障——全球成文宪法体育条款的比较研究》，北京体育大学出版社 2014 年版，第 4 页。

能替代我国的规定。其次，即使《宪法》规定公民享有体育权利，也不能直接说明体育权利就是一项独立的基本权利，例如我国现行《宪法》第37条规定了我国公民的人身自由不受侵犯，第40条规定了我国公民的通信自由和通信秘密受法律保护。按照对人身自由权的通常理解，通信自由和通信秘密属于人身自由权的一部分，它们本身并不是一项独立的基本权利，人身自由权才是一项独立的基本权利。最后，规范性的内容并不必然是科学、合理的，也有可能违反理性。

公民体育权利在法理上的充分证实是探讨其实现的前提，如果公民体育权利不是我国《宪法》上的一项基本权利或者说它从属于别的基本权利，那么我们研究其实现就丧失了理论意义或者说我们应该探讨其从属的基本权利该如何实现。另外，如果体育权利是我国《宪法》上的一项基本权利得以成立，那么其有何宪法效力也是鲜有研究的。公民体育权利宪法属性的理论证成应该包括该权利的宪法效力，因为如果不对该权利的宪法效力给予深入分析，我们接下来关于体育权利实现制度保障的研究就会丧失逻辑上的前提和基础。

第二，公民体育权利的实现。

对于公民体育权利的实现，学界主要从制度层面探讨如何保障公民体育权利的实现，并着重讨论保障公民体育权利实现的政策法规体系的建设。2012年7月11日，国务院颁发的《国家基本公共服务体系"十二五"规划》中提出要把基本公共服务制度作为公共产品向全民提供，这是我国公共服务发展从理念到体制的创新。制度作用的发挥，主要是通过法律、法规、规章、政策等形式得以实现，把公共服务制度作为公共产品进行供给，实际上就是制定、颁布、实施各类保障公民社会权实现的法律、法规、规章和政策。作为公民社会权之一的公民体育权利的实现必然离不开制度的保障，也就是离不开保障公民体育权利实现的政策法规的供给，这不仅是将公共服务制度作为公共产品向全体公民提供的创新要求的体现，也是从制度层面保障广大人民群众体育权利得以实现和满足的现实途径。① 可以说，对保障公民体育权利实现的政策法规相关问题的探讨，不仅是一项非常紧迫的现实任务，也是一项十分重要的理论工作。近年来，围绕公民体育权利实现的制度保障问题涌现了一批研究成果，下面列举一些比较有代表性的研究成果。李静等（2010）认为目前我国体育公共服务中依然存

---

① 参见李丽、张林：《民生财政视域下的民生体育发展研究》，载《体育科学》2013年第5期。

在供给不足及效率低下的困境,原因在于我国的公共体育服务保障制度不健全,需要健全相关的保障制度。① 马宏俊(2013)认为目前我国政府体育公共服务体系建设存在无法可依的状态,需要建立和完善政府体育公共服务体系法律制度,做到有法可依。② 汪文奇(2014)从制度视角审视我国农村公共体育服务发展现状,发现影响农村公共体育服务发展的主要原因是制度贫困,其表现在城乡有别的公共体育服务供给制度和缺失的农村体育财政制度,③需要给予相应的制度创新以解决该问题。戴健等(2015)分析了我国公共体育服务制度供给的现状,指出其存在顶层设计欠缺、需求导向偏离以及多元协同乏力等治理困境。因此,公共体育服务的制度创新应从理念和实践层面确立相应的价值导向,并根据治理任务与治理模式相匹配的原则,对政府、市场和社会等可供选择的体育治理资源进行组合与重构,加快推进政府制度创新,引导市场和体育社会组织参与公共体育服务供给,构建多元协同的治理机制。④ 赵元吉(2015)指出,目前我国公共体育服务制度困境表现为:制度设计仍未解决服务主体权责划分;行政监管法律缺位,制度执行力不足;需求表达制度空白,服务水平、效率较低。⑤ 谢微、易燕(2015)认为我国公共体育服务在实际工作中面临法制缺失、权力制约欠缺、问责程序模糊等制度困境,因此,应通过完善公共体育服务问责范围、绩效评估、审计问责等方式,推动我国公共体育服务问责制度法制化建设。⑥ 汪全胜、黄兰松(2015)指出,公共体育设施不足严重制约了我国体育事业的发展,需要建立完善的制度保障体系,如财政投入制度、体育捐赠制度、税收优惠制度、政府购买体育公共服务制度以及体育设施社会化开放制度。我国目前在公共体育服务制度保障机制设计上存在制度散乱、顶层设计缺失、制度不协调等问题,需要进行制度清理,加强体育公共设施制度的顶层设计,协调

---

① 参见李静、张卫平、沈巧儿:《全民共享体育公共服务的制度困境与优化研究》,载《南京体育学院学报(社会科学版)》2010 年第 3 期。

② 参见马宏俊:《政府体育公共服务体系法律规制研究》,载《体育科学》2013 年第 1 期。

③ 参见汪文奇:《我国农村公共体育服务发展的制度贫困与制度创新》,载《体育学刊》2014 年第 5 期。

④ 参见戴健、张盛、唐炎等:《治理语境下公共体育服务制度创新的价值导向与路径选择》,载《体育科学》2015 年第 11 期。

⑤ 参见赵元吉:《国家治理体系框架下中国公共体育服务制度建设的困境与突破》,载《成都体育学院学报》2015 年第 6 期。

⑥ 参见谢微、易燕:《我国公共体育服务问责制度研究》,载《体育文化导刊》2015 年第 5 期。

好不同的制度规范,同时注意制度的可操作性等问题,建立我国公共体育设施供给完善的保障机制。[①] 黄明涛(2017)认为,公民体育权利的实现有赖于国家义务的履行,但现阶段,体育权利的实现存在诸多不足,需要完善体育法制,构建制度化的保障体系。[②] 陈华荣(2017)认为,现行的实施全民健身国家战略的政策法规体系缺乏人文关怀,且对现存的政策资源缺乏具体明确的指向性,因此需要完善全民健身国家战略政策法规体系,提高全民健身治理能力。[③] 由此可见,以上研究都立足于我国现有的体育权利保障制度的实际,一致认为当前制度在保障公民体育权利实现方面存在诸多不足,这种认识无疑是有说服力的,并且针对制度保障存在的不足提出了不少很有针对性的对策。前人的研究是我们进一步探讨的基础,我们认为可以在以下几个方面进行推进研究:一是不少学者都认为体育权利是《宪法》上的基本权利,国家应该对公民体育权利的实现给予充分的制度保障,但这种思路存在逻辑上的断层,没有在理论上阐明为什么国家必须对公民体育权利的实现给予充分的制度保障。二是对公民体育权利实现制度保障的研究缺乏宏观层面上的整体研究。其实,体育权利是《宪法》上的一项社会文化权利,是一项受益权,国家除了要健全相关的政策法规体系、加强政策法规的执行之外,还要对权利的实现努力做到充分、均等。在公共体育服务资源总量有限的情况下,群众满意度就是衡量权利实现是否充分的重要标准,这就要求提高政策法规决策制定过程中的民主性,因为受益权不是简单的物质给付,它需要在一定的客观条件下尽量满足给付对象的差异性要求。另外,其还要求财政政策法规的公平性,因为受益权的实现往往是差序格局的实现,尤其是在我国这样一个经济社会发展不平衡的大国中,城乡之间、区域之间的不平等较为突出,国家应在财政政策法规中制定具体的制度尽力消除和减少这种不公平。[④] 围绕这两个方面进行探讨就比较系统和全面,但现有研

---

① 参见汪全胜、黄兰松:《论公共体育设施的供给及制度保障》,载《武汉体育学院学报》2015 年第 9 期。

② 参见黄明涛:《我国宪法"体育权利"的文本表述与制度实现》,载《体育文化导刊》2017 年第 4 期。

③ 参见陈华荣:《实施全民健身国家战略的政策法规体系研究》,载《体育科学》2017 年第 4 期。

④ 严格意义上讲,制度决策是否尊重民意和财政投入政策一样可以归入制度是否健全的范畴,制度决策轻民意很大程度上是因为我们缺乏保障公民参与的法律机制。体育权利是一项受益权,它是通过政府的给付行政或者说服务行政的实施完成的,权利主体是否满意和财政投入政策是否均等是衡量受益权在一定的物质条件下是否充分、均等实现的基本标准,故为了凸显这两方面问题的重要性给予并列讨论。

究往往偏重某一个方面的研究,主要是均等化的研究。三是提出的对策往往局限于制度的完善或者构建,如修改《体育法》和《全民健身条例》、制定《政府公共服务促进法》等,事实上,对公民体育权利的实现给予充分的制度保障在对策上并不局限于制度的完善和制定,还可以从别的方面给予保障,如强化公民的体育权利意识、法律意识等。四是所提出的立法对策过于宏观,没有在微观层面对一些关键问题进行深入思考和提出具体的对策建议。如有学者认为,对公民体育权利的实现缺乏法律保障,《体育法》对公民体育权利的内容没有明确规定,在修改《体育法》时,要明确提出公民体育权利的概念和较为完整的公民体育权利的原则体系。[①] 我国 2022 年 6 月修改了《体育法》,新《体育法》明确了公民享有体育权利。在新《体育法》确认体育权利之后,如何在贯彻实施新《体育法》中完善公民体育权利的立法体系尚缺乏微观、具体的研究。

有关概念的说明。公民体育权利实现的制度保障实际上属于体育法治建设的范畴。本书中的制度不仅包括法律、法规、规章等立法,还包括政策(涵盖公共决策)。按照法理学的一般观点,政策并不能被立法所涵盖,政策与立法是并列关系,政策并不属于法的渊源。本书仍将政策作为制度保障的形式渊源涵盖其中,主要是鉴于我国是一个行政权强大的国家,政策在国家治理制度体系中占有非常重要的地位,并且在执法实践中,政策仍然是执法部门的重要规范依据。在本书中,制度一般用政策法规进行表述。同时,鉴于"全面依法治国"已经成为我国现阶段的时代背景,"依法治国"将在经济、政治、社会、文化、体育等各个领域展开,体育领域也必将深入实施"依法治体",体育立法将在保障公民体育权利实现的制度体系中发挥更大的主导作用,所以,本书的第四章专门从立法层面探讨了实现公民体育权利的立法对策。

本书的研究意义。(1)理论意义:只有在理论上充分证成体育权利的宪法属性,从制度上充分保障体育权利的实现才会有宪法上的根据,也能凸显出研究体育权利的独特学术价值;本书从宏观和微观两个层面研究公民体育权利实现的制度保障问题,弥补单一层面研究的不足。(2)现实价值:使国家在保障公民体育权利实现的立法与政策层面更能立足于现实国情,在尊重现实的前提

① 参见田思源:《〈体育法〉修改的核心是保障公民体育权利的实现》,载《天津体育学院学报》2011 年第 2 期。

下，从制度上保障公民体育权利充分、均等地实现；提出的保障公民体育权利实现的立法对策可以作为国家立法的参考建议。

本书的研究方法。主要运用了实证分析法和规范分析法。(1)规范分析方法。通过对我国《宪法》和体育国际公约的文本法理分析，在理论上充分证成体育权利是我国《宪法》上的一项独立的基本权利及其双重效力。全面、系统地分析我国有关保障公民体育权利政策法规的样本，考察其现状，总结政策法规存在的不足，找出当前公民体育权利政策法规不健全、轻民意、执行不到位及财政投入政策的失衡等问题并提出解决问题的策略。(2)实证分析方法。保障公民体育权利实现的政策法规的制定、实施、问题、成因等的情况是研究公民体育权利实现制度保障的基础，这不仅需要对已有相关研究成果和文献资料进行整理分析，还需要对我国政策法规的制定情况和实施情况开展翔实的实证调查和分析。实证调查从两个方面展开。一是对从《体育事业统计年鉴》和我国制定的各项体育法律、法规、部门规章和其他规范性文件中提取的数据进行分析。二是在分布在不同省份的若干城市进行实地问卷调查、现场和电话访谈，且在发放调查问卷，实地走访各社区、体育健身房、学校、广场、公园等适合锻炼身体的场所中，得到了不少部门和群众的支持和帮助，为课题获取了宝贵的调研资料和数据，从而发现了公民体育权利实现制度保障中存在的问题。实证分析方法的运用，为全面、系统地研究公民体育权利的制度保障问题提供了资料支撑。另外，本书也运用了价值分析的方法，分析保障公民体育权利实现财政投入政策的不公平问题。

需要指出的是，本书并没有将比较法作为主要的研究方法。在研究公民体育权利制度保障的文献中，有不少采用比较法的研究成果。这些成果的特点主要是介绍西方发达国家体育立法的理念与内容，尤其是体育基本法的情况。[①] 大家一致认为，西方发达国家之所以能够充分、均等地实现公民的体育权利，很大程度上得益于其很早就拥有了健全、完善的法律体系，法治化是其成功的根本保障。

---

① 参见刘玉：《体育公共服务市场化改革——发达国家经验及借鉴》，载《北京体育大学学报》2012年第11期；童丽平：《西方国家体育权利均等化的三大基石及对我国的启示》，载《上海体育学院学报》2014年第4期。

当下,全面依法治国已经成为我国的时代背景,依法治体已经成为我国发展体育事业的基本原则,而现代法治的核心原则是保障人权,这必然要求体育法治要以保障公民体育权利的实现为中心。我国客观上已经借鉴了西方发达国家的通过法治化保障公民体育权利实现的成功经验,但具体的制度设计层面,我们认为没有太大的借鉴意义,因为我国国情和西方发达国家明显不同:一是西方发达国家的市场化体系十分完善,其已经深入到包括体育公共服务在内的各个层面,市场在体育公共资源的配置中发挥了基础性、决定性作用,而我国的市场化体系尚处于发展不充分的阶段,政府在体育公共服务的提供上是最主要的甚至是唯一的主体,市场的配置作用很小,这就决定了双方在制度规范对象上存在较大差异。二是经济社会发展不均衡的问题在世界各国普遍存在,体育权利实现过程呈现差序化,但西方发达国家的不均衡主要表现在区域差别,而我国除了区域差别之外,还有城乡差别的问题,我国还没有足够的实力同时解决区域差别和城乡差别带来的体育权利非均等化,故双方的制度在解决非均等化的重心上有较大差别。三是西方发达国家经过长期的发展,已经积累了比较雄厚的资金,在有足够财政能力的情况下,政府没什么压力,对政府责任的制度设计就不需要太复杂,如《芬兰体育法》规定,政府财政无条件支持公益性体育设施建设,①而我国尽管有了快速发展,但仍然是世界上最大的发展中国家,财政能力有限,政府的压力大,对政府责任的制度设计就需要更加合理化。所以基于以上几点,本书并没有将比较法学作为主要的研究方法。

本书的主要内容。本书总共分为四章,依次为体育权利宪法属性的法理证成、公民体育权利的效力、公民体育权利实现制度保障不足的主要原因与宏观治理策略、实现公民体育权利的微观立法对策。

第一章从法理层面证成体育权利的宪法属性。目前,学界对于体育权利是否在《宪法》上存在的争论焦点在于是否可以运用权利推定方法推导出体育权利的存在。我们认为可以运用权利推定的方法证成体育权利在《宪法》上的存在,但不能简单按照“国家义务—公民权利”的逻辑模式来推定体育权利是一项基本权利,应该在政治学基本原理的基础上进行宪法文本的系统分析,得出体

① 参见闫士展、汤卫东:《芬兰体育法的基本内容与立法特征》,载《广西大学学报(哲学社会科学版)》2018 年第 4 期。

育权利是否为宪法权利的结论。首先,以体育权的人权属性、《宪法》第 21 条规定的国家义务是否和体育人权的义务内容相一致、国家对体育人权的认可态度、《宪法》第 23 条对人权保障条款的确立为分析要件进行系统分析,我国现行《宪法》第 21 条属于强制性国家义务条款,它必然以体育权利在《宪法》上的存在为前提,故体育权利是一项基本权利,属于在《宪法》中未被明确列举的公民基本权利,应当属于一种受益权且在宪法权利体系中具有独立性。其次,着重探讨公民享有的体育权利应该包含哪些内容。从公民体育权利是一项基本人权、其权利性质是一项受益权的认识出发,我们认为公民体育权利的主要内容应当包括:从事体育活动的自由;公共体育设施的合理使用权;保障弱势群体参与体育活动的自由;在体育活动中获得安全保障的权利。

第二章讨论公民体育权利的效力问题。体育权作为公民的一项基本权利,它与《宪法》规定的其他基本权利一样在理论上都具备应有的双重法律效力:主观权利和客观法。作为客观法的体育权与主观权利体育权不同。主观权利体育权的防御权功能要求限制和约束国家公权力的恣意行使,避免国家公权力对体育权的侵害和过多的干预行为,受益权功能为请求国家予以基本体育公共服务的给付,保障其体育权的实现。作为客观法的体育权要求国家能够积极行为,发挥国家在公民体育权利保障中的积极作用,建立健全公民体育权利的制度体系并保障这些制度的有效执行,即实现公民体育权利的制度保障。鉴于目前我国尚未建立违宪审查机制,故宪法上的基本权利并没有直接效力,这也就意味着谈论主观权利体育权并无较大的实践意义。探讨体育权客观法的效力不仅具有理论意义,而且具有很强的实践意义。体育权客观法效力在我国的主要成效是我国已经初步建立起保障公民体育权利实现的制度体系。落实体育权客观法效力即制度保障面临的主要问题是:保障公民体育权利实现的制度不健全、制度执行不到位、制度制定轻民意、财政投入政策失衡。

第三章分析我国体育权利制度保障不足的主要原因与宏观治理策略。首先,我国保障公民体育权利实现的制度不健全是因为保障公民体育权利实现在公共服务中的地位边缘化、国内体育领域法治建设尚缺乏自觉动力、国家当时的体育立法重心在于解决无法可依的问题、立法没有凸显法律的现代性。对于这一问题,提出以下几点治理策略:强化依法保障公民体育权利实现的观念;不断加强政策经验的借鉴与学习;加强地方保障公民体育权利实现的配套政策建设;加强立法后评估和立法监督。其次,保障公民体育权利实现制度执行不到位的原因主要在于政策缺少权威性、不同利益之间的冲突、政策执行的监管力度不足。对此,提出以下几点对策:梳理现有政策内容,健全政策法规体系;厘清局部和全局的关系,健全利益平衡机制;加强监督政策执行,健全责任追究机制。再次,我国公众参与公共决策的权利未得到有效保障且行政部门履行公民参与义务的责任缺乏法律规定,导致制度制定的过程中轻民意。要想解决这一问题,就要坚决贯彻"以民为本",最重要的就是要从思想上发生转变,破除"官本位"的旧观念,树立"民本位"意识,建立民主、科学的公民参与机制,完善公民参与行政过程的监督机制。最后,公民体育权利实现财政投入政策不公平。我国长期存在财政城乡投入、区域投入不平衡的问题,且体育领域还存在群众体育和竞技体育投入的不均衡,这是由我国城乡有别的二元供给制度、财权事权不对等及竞技体育优先发展的投入导向等多方面原因造成的。要想解决这一问题,就要重塑公平优先的公共体育政策价值理念,完善均衡配置公共体育资金的政策措施,制定维护公平的公共体育资金配置评价政策。

第四章探讨实现公民体育权利的微观立法对策,主要是以完善公民体育权利立法保障。本部分仍然是针对我国落实体育权利客观法效力所面临的问题提出的对策,只不过这种对策是在微观层面思考和展开的。针对落实体育权客观法效力即制度保障面临的主要问题,从以下四个方面提出立法对策:(1)如何围绕新《体育法》完善公民体育权利的性质;(2)公民体育权利实现中的政府责任如何规范;(3)《全民健身条例》中构建公民参与机制的必要性及具体构建;(4)公民体育权利均等化实现的制度如何建设。之所以从这四个方面进行思考,首先是因为这四个方面的对策对于公民体育权利的实现具有制度统领的作用,其次是因为目前学界对于如何围绕新《体育法》完善公民体育权利立法体系尚缺乏具体研究,对公民体育权利实现中的政府责任该如何规范尚有忽略之处,对《全民健身条例》中构建公民参与机制的必要性尚缺乏认识,对保障公民体育权利均等化进行的改革对策尚不够现实。具体的立法对策为:在实施新《体育法》中完善公民体育权利的立法体系,在立法中明确建立一套对政府实现公民体育权利行政行为的考核和激励机制;同时,厘清政府和社会主体在实现体育权利中的职责界限;在《全民健身条例》中建构起合理的公民参与机制,以解决公民体育权利制度制定中轻民意的问题,构建公民参与信息公开制度、公民参与评价和救济机制、公民体育需求反馈机制、对决策者的问责机制、社会团体参与体育决策的机制;制定"城乡公民体育权利均等化法",使其成为体育立法体系的一部分,"城乡公民体育权利均等化法"应重点完善财政转移支付制度以增强县乡政府体育公共服务的能力、体育公共服务向乡村适度倾斜逐步走向城乡统筹制度、建立城乡体育基本公共服务均等化评估和监督制度、构建可持续性的农村体育基本公共服务的财政供给制度。

本书的主要观点。通过对《宪法》文本的系统分析,我们认为体育权利是公民的一项基本权利,在基本权利的谱系中具有独立性,性质上属于受益权。公民体育权利作为一项基本权利具有客观法的效力,即具有要求国家提供制度保障的效力。体育权客观法效力在我国的主要成效是我国已经初步建立起保障公民体育权利实现的制度体系。落实体育权客观法效力,即制度保障面临的主要问题是:保障公民体育权利实现的制度不健全、制度执行不到位、制度制定轻民意、财政投入政策失衡。针对其所存在的问题,不仅需要从宏观层面提出治理策略,还需要在微观层面提出立法对策。围绕新《体育法》完善公民体育权利的立法体系;基于政府在公民体育权利的实现中承担主导责任,单纯的惩罚性措施不能促使政府更好地承担其责任,只有将惩罚性措施与激励措施相结合才能更好地调动政府的积极性,从而更好地实现公民的体育权利;有必要在《全民健身条例》中构建公民参与机制,以解决公民体育权利制度保障中轻民意的问题;改革现行财税体制实现体育权利的均等化不具有可行性,制度设计不能超越阶段,只能在现有财税体制下进行相应的制度设计。

本书的创新之处。结合政治学原理对宪法规范进行系统分析,在法理上证成体育权利是我国《宪法》上的一项基本权利;对体育权利在宪法权利谱系中独立性的论证;根据体育权的客观法效力,说明为什么国家要对公民体育权利的实现给予充分的制度保障;从宏观和微观两个层面提出公民体育权利实现制度保障不足的治理对策;提出围绕新《体育法》完善公民体育权利的立法体系的具体建议;提出对于政府责任的规范应注重激励机制的作用、惩罚规则与激励规则相结合的观点;阐明《体育法》中构建公民参与机制的必要性及参与机制的具体设计;改革现行财税体制以实现体育权利均等化不具有可行性的观点,并提出在现有财税体制下的具体制度设计。

公民体育权利的研究在我国仍处于一个初级阶段，由于笔者能力有限，只能尝试在前人研究的基础上努力向前推进，文稿中错漏之处在所难免，尤其是文稿中提出的一些观点和想法，也许还是幼稚肤浅的，恳请大家不吝赐教。

Chapter 01

第一章 体育权利宪法属性的法理证成

近年来,对体育权利的研究已经成为体育法学界研究的主题,相关研究不断涌现。我国现行《宪法》在公民的基本权利和义务一章中没有列举体育权利,尽管2022年修订的《体育法》确立了公民享有体育权利,但体育权利是否为宪法权利在学界一直存在较大争议。在法理上证成体育权利,准确把握体育权利的法律性质,为公民体育权利的实现提供高位阶的法律依据,已经成为一项紧迫的理论研究任务。权利理论对任何一个部门法都至关重要,就体育法学科的建设而言,体育法的基础理论研究便是对公民体育权利的研究,它是建构体育法部门的起点。目前,体育法学界对体育权利的理论研究主要集中在体育权利如何证成与如何实现两个方面。对于体育权利的研究思路一般可以归结为,将体育权利证成为一项基本权利,树立体育权利本位观念。但学界目前在证成体育权利的理论研究方面存在研究方法上的不足。

有观点认为,1978年的《国际体育教育、体育活动与体育运动宪章》宣布"参加体育运动是所有人的一项基本权利",说明体育权利已经成为一项国际上普遍认可的基本人权,据此可以认为体育权利是宪法上的一项基本权利,它是最强有力的法理依据。[①]但是,人权并不必然是一项法定权利,并不能直接推导出体育权

---

① 参见葛卫忠:《我国体育权利的分类》,载《体育学刊》2007年第6期。

利的法律属性，因为人权先于国家和法律而存在，是法定权利的道德根据和理性说明，从应然层面证成体育权利的法律属性存在方法论上的缺陷。

从法学方法论的角度讲，要想将一项应然层面的权利证成为法律层面上的权利，就要弄清楚该权利的法律属性。研究一项权利的法律属性，首先应该从基本权利（宪法）与民事权利（民法）两个角度来进行分析定位。如财产权是一项基本人权，但在法律层面上，有《宪法》上的财产权和《民法》上的财产权，二者同名但不同质，《宪法》上的财产权是基本权利，基本权利的义务人指向国家，《民法》上的财产权是民事权利，民事权利的义务人指向私人。

本书认为，从民事权利的角度难以证成体育权利的独立性。公民在体育活动中的自由是丰富和发展自身人格的自由，属于《民法》上人格权的范畴，作为一种未立法的、受保护的民事利益，在受到侵害时，可根据《民法》上的人格权给予保护。人格权体系在民事立法上已经比较科学完整，为利于法律的遵守和适用，体育权利在《民法》上不具有独立的可行性和必要性。

不少研究都努力将体育权利证实为我国《宪法》上的一项基本权利，但体育权利并不属于我国《宪法》中明示的基本权利。要想推出它是公民的一项基本权利，是什么性质的宪法权利，在公民基本权利谱系中是否具有独立性，就必须进行法理上的有力回应。以上几个方面可以归结为一个问题：体育权利的宪法属性是什么。学者们对于体育权利是否在《宪法》上存在的争论焦点在于是否可以运用权利推定理论推导出体育权利的存在。此外，其在基本权利的谱系中是否具有独立性也存在争议。本书在绪言中已经对此问题的研究状况进行了文献综述，这里不再重复述评。总之，对体育权利宪法属性的论证还不够充分和深入，如果不能对这个问题给予清晰地论证，就容易导致体育权利的泛化，把本不属于体育权利，明显属于别的权利的内容贴上体育权利的标签，放在体育权利的“篮子里”。体育权利的宪法属性与该权利如何实现有着紧密的联系，不同性质的宪法权利有不同的实现路径，如果不能在理论上准确把握体育权利的宪法属性，也就很难谈得上研究体育权利实现的独特学术价值，如将体育权利归属于宪法权利谱系中的受教育权和科研文化权利，[①]根据这个判断，本书应该研究的是公民的受教育权和科研文化权利如何实现的问题。所以，体育权利宪

---

① 参见于善旭：《再论公民的体育权利》，载《体育文史》1998 年第 1 期。

法属性的理论证实对于体育权利如何实现具有指导意义。

一、体育权利的宪法属性

(一)体育权利作为基本权利的证成

我国《宪法》并没有明确列举体育权利为公民的基本权利,那么根据什么法理说明体育权利是我国《宪法》上的一项公民基本权利呢?

不少人认为,体育权利并没有得到我国《宪法》的明文规定,不能成为我国《宪法》中公民的基本权利。这是因为与体育权利联系最紧密的是现行《宪法》第21条第2款,其具体规定为"国家发展体育事业,开展群众性的体育活动,增强人民体质",该款规定并不能成为体育权利的宪法依据。首先,该款出现在现行《宪法》第1章总纲中,而不是规定在第2章公民的基本权利和义务中,总纲是对国家基本制度的宪法安排,公民的体育权利应该在第2章中规定;其次,该款的行文也与体育权利的创设没有直接联系,从该款的表述来看,其主要立法目的在于对体育事业的宪法安排,而不是创设权利。① 还有人认为,总纲中的某项原则规定与"基本权利"的宪法地位相去甚远。②

其实,公民的宪法基本权利仅限于《宪法》的明文规定的观点早已遭到现代宪法理论的否定。根据现代宪法理论,公民的基本权利是没有办法完全列举的。美国学者兰迪·巴赖特指出,当时美国联邦党人认为,增加权利法案反而是危险的,因为人民的权利和自由是没有办法列举的,如果增加列举性的权利法案内容,任何被遗漏而未列举的权利就会处于不安全的境地,未列举的基本权利作为人权的重要组成部分,当然必须与列举的基本权利同样受到保护。③

从美国的宪法实践经验来看,《美国联邦宪法》在制定当初并没有将权利法案的内容纳入宪法之中。在法学理论上,权利可以分为规定的权利和推定的权利两类。④ 前者是指对人权的列举性规定,每列出一种,即等于规定一种。总纲

① 参见葛卫忠:《我国体育权利的分类》,载《体育学刊》2007年第6期。
② 参见张振龙、于善旭、郭锐:《体育权利的基本问题》,载《体育学刊》2008年第2期。
③ 参见王书成:《合宪性推定的正当性》,载《法学研究》2010年第2期。
④ 参见徐显明:《人权的体系与分类》,载《中国社会科学》2000年第6期。

性条款是推定公民权利和推定政府责任的根据,缺乏总纲性规定,权利列举就是僵硬的和不完整的,公民只能在列举的权利领域中获取权利。如果公民基本权利保障仅局限于事先列举的范围内,而不管现实生活多么丰富多彩,这显然是一种缺憾和不足。《宪法》总纲中的条款是国家对社会发展确立的基本方向、原则,也是一种权利立法的技术。总纲性条款是推定未列举的公民基本权利存在的基础。

有学者将我国《宪法》第 21 条和第 46 条视为体育权利的宪法依据,根据这两条规定,运用义务推理权利的方法,推定体育权利是公民的一项基本权利。依照权利推定理论,客观上存在的利益事实转化为法律上的权利,并不一定是通过权利的明确列举来确定,还可以通过设立相应义务来默示立法所要保障的权利存在。① 我国《宪法》第 49 条第 3 款规定,父母有抚养教育未成年子女的义务,成年子女有扶助赡养父母的义务,由此可以推定出未成年子女享有被父母抚养教育的权利,父母也享有被子女赡养扶助的权利。但是需要注意的是,经由义务推定权利仅从有关义务条款进行直接推论是不够的,如仅根据《宪法》第 56 条"中华人民共和国公民有依照法律纳税的义务"的规定,推导不出国家权力(征税权力)的确定存在,否则会违反权力法定、依法行政的法治原则。根据我国《宪法》上的国家义务也不一定能推导出公民权利的存在,我国《宪法》上的国家义务是考虑我国的政治、经济、文化等基本国情的,其并不一定只是为了保障公民权利。如我国《宪法》规定的"国家厉行节约,反对浪费",显然不能通过公民权利来评判,甚至不能把它当作一项受益权来评判。再如,《宪法》第 24 条规定的"国家发展社会主义精神文明"并不是规定公民有督促国家进行社会主义精神文明建设的请求权,而是一种国家倡导性条款。② 所以,有学者认为义务推导权利理论并不能被普遍适用,即并非所有的国家义务条款都能推导出权利的存在,根据我国《宪法》第 21 条是难以推导出体育权的存在的。也有学者认为,根据现代宪法学理论及从当代民主法治国家的实践来看,国家义务与公民权利的关系已经成为主导国家与公民关系的主轴,国家义务直接源自公民权

---

① 参见郭道晖:《论权利推定》,载《中国社会科学》1991 年第 4 期。
② 参见黄鑫:《作为基本权利的体育权及其双重性质》,载《体育学刊》2016 年第 2 期。

利,公民权利是国家义务存在的唯一根据。[①] 应该说这种观点过于绝对了,至少从我国的《宪法》相关条款可以知道,一些国家义务条款的存在并不是基于确认和保障公民权利的需要。在我们看来,根据国家义务条款无法直接推导出体育权利的存在,但并不是说这种权利推定的方法根本无法适用于体育权利的证成。

问题在于,在什么情况下能根据国家义务条款推导出公民基本权利的存在,这是学界尚未深入探讨但直接关系到体育权利能否被证成为基本权利的理论问题。

1. 由《宪法》第21条推导出体育权利所需要的方法和原理

要想从理论上证成体育权利是我国《宪法》上的一项基本权利,必须采取推定的方法,因为该权利并未被我国《宪法》所明示。权利推定需要证成,而证成则需相应的论证资源。我们将运用以下方法和理论作为体育权利证成的论证资源:将《宪法》上的国家义务条款进行分类;宪法文本分析;人权普遍性与特殊性的理论;国家与公民之间关系的政治学原理。只有把《宪法》上的国家义务条款按照法理学的常识进行分类,方能窥探出该国家义务条款存在的效力以及能否推导出相应的公民权利,按照我国宪法学界的一般观点,我国《宪法》上的不少国家义务条款属于基本国策条款或者纲领性条款,而这些条款重在保护公共利益而非个人利益,[②]故无法根据这些条款推导出相应的公民权利。宪法文本分析即宪法文本解释是宪法解释学的主体部分,而宪法解释学是法律解释方法在宪法解释中的具体运用。宪法文本是宪法解释学的核心,而宪法文本分析的目的在于获得宪法的确切含义,是对宪法文本的一种"自我观察",不同于政治学及其他学科对宪法的"异观察"。[③] 按照法律解释方法的分类,宪法文本分析也包括系统解释、动态解释(历史解释)等具体的解释方法。人权具有普遍性,遵守共同的标准,但就人权入法而言,它又有其特殊性的一面,即各国可以根据不同的情况选择不同的人权保障模式,以照顾到自己的经济、历史、文化背景。[④]

---

① 参见龚向和:《国家义务是公民权利的根本保障——国家与公民关系新视角》,载《法律科学(西北政法大学学报)》2010年第4期。

② 参见王锴、刘犇昊:《宪法总纲条款的性质与效力》,载《法学论坛》2018年第3期。

③ 参见张翔:《宪法学为什么要以宪法文本为中心?》,载《浙江学刊》2006年第3期。

④ 参见李步云、杨松才:《论人权的普遍性和特殊性》,载《环球法律评论》2007年第6期。

换言之,国际人权法依赖于国内法的认可和转化。国家义务与公民权利之间存在紧密联系,但这种紧密联系具体是什么,遵守何种具体的逻辑,需要根据国家与公民关系的政治学原理来给予分析。

2. 由《宪法》第21条推导出体育权利的构成要件

根据法理学关于法律规范的分类,从义务性法律规则是否具有强制性可以将义务性法律规则分为强制性规则和指导性规则。[①] 指导性规则也称为倡导性规则。判断一个法律义务条款是否具有强制性,通常是根据其语义表达进行判断,如根据法律条款中的“应当”“必须”“禁止”等词语来判断相应法律主体承担的义务具有强制性,而指导性规则缺乏这种刚性的词语。除了语义判断方式之外,还采取法律解释上的系统解释方法,从该法律条款与其他法律条款之间的关系入手,全面地分析该法律条款的含义,以避免孤立地理解该法律条款的含义,它注重“文本间性”。此外,还需要注意动态解释方法,即要以开放的姿态理解法律文字的当代含义,法律文字的含义应是历史的、具体的。从动态解释的意义上讲,一个义务性法律条款是否具有强制性可能是动态的,而非固定不变的,因为它会因其他法律条款的增加和变动而发生变化。由此,依据《宪法》上国家承担义务的条款是否具有强制性约束力,《宪法》上的国家义务条款也可以分为指导性义务条款和强制性义务条款。指导性义务条款的设置表达了《宪法》对国家实施某种行为的希望,如《宪法》第24条中规定,国家倡导社会主义核心价值观,进行辩证唯物主义和历史唯物主义的教育,反对资本主义的、封建主义的和其他的腐朽思想。需要注意的是,这种指导性义务条款也设定了国家职责,国家也会采取相应的制度和措施来落实其承担的职责,在国家职责落实不到位的情况下,国家也会在其行政系统内部采取相应的惩戒措施,让相关政府组织和人员承担相应的责任,但国家并不对公民承担刚性的法律责任,因为此种国家义务的存在是为保障公民的某种基本权利。如我国《宪法》第25条规定,国家推行计划生育,使人口的增长同经济社会发展计划相适应,但有些地方政府对国家的计划生育政策并没有严格落实甚至不作为,或者说没有较好履行和没有履行《宪法》要求的政府职责,国家会对这些地方政府的官员进行问责,但国家并不需要对公民承担履责不力的法律责任。指导性义务条款只是赋予

① 参见张文显:《法理学》,高等教育出版社2003年版,第95页。

了国家实施计划生育的义务,公民从中获取的利益并不是基于某种“公民权利”而是基于国家政策的“反射性利益”。因此,这种指导性条款设置的国家义务对国家而言仍停留在非强制性的层面上。指导性国家义务条款与强制性国家义务条款属于两种不同效力层次的宪法规范形式,前者的效力层次应低于后者,对国家责任的要求较低。我国之所以在《宪法》总纲中设置较多的指导性国家义务条款,就是因为国家为了避免对其责任过高要求而导致大量刚性违宪事实发生。如环境权并不是我国《宪法》上的一项基本权利,我国对环境的保护并不是基于公民享有的环境权,而只是基于《宪法》提出的希望。这种义务性条款的设置主要是考虑一个国家的物质生活条件,避免超越历史阶段地设置公民权利而导致国家难以承担其保障义务,同时又给予国家必要的规范限制。应该说,此种设置比较符合我国现阶段的国情。

我们认为,指导性国家义务条款无法推导出公民基本权利的存在,只有《宪法》上规定的国家义务条款为强制性义务条款时才能推导出相应的公民基本权利的存在。根据现代政治学关于公民与国家关系的一般常识可以知道,公民权利是国家义务存在的主要基础,强制性国家义务是公民权利实现的保障。如果针对保障公民基本权利实现的国家义务仅是道德层面或者是非强制性的,那么公民完全没有必要让渡出自己的部分权利通过契约的方式成立国家,也没有必要赋予国家相应的权力或者权威,因为国家保障公民权利的义务对其自身并无强制性的约束,其对公民权利的尊重和保障仅仅是道德性或者宣示性的,这也就意味着国家义务的履行完全要看国家是否愿意,同时国家权力本身具有“恶”的维度,随时都有可能威胁或者侵犯个体的权利。国家承担的强制性义务存在的唯一依据是促进和保障公民享有的基本权利,①国家承担的指导性义务存在的正当依据则主要是共同体的利益,公民即使从中获得了某种利益也不是基于“公民的权利”,而只是“反射性利益”。换言之,《宪法》中的国家强制性义务条款必然指向某种事实上存在于《宪法》中的基本权利,这样也就可以推导出该基本权利的存在。以环境权为例,环境权是自20世纪70年代以来得到国际社会

① 这里需要注意的是,国家承担强制性义务存在的唯一依据也不能归结为促进和保障人权,因为人权的产生先于宪法。

普遍认可的一项新型权利,[①]但不少国家的宪法中并没有明示规定环境权,如1972年《巴拿马宪法》第110条规定,国家根据经济社会发展情况,积极保护生态条件,防止生态失衡和环境污染,是国家的一项基本责任。巴拿马的法律政策也承认环境权是巴拿马公民应该享有的一项权利。这种情况下,保护环境、使人民拥有健康舒适的环境就是国家必须承担的强制性义务,《巴拿马宪法》第110条宣示的国家对环境保护的职责等于对公民享有环境权的确认。[②] 因为环境权作为一项基本权利,其对应的国家义务就是保护环境,国家在道义上必须承担保护环境的义务,同时采取系统解释,《巴拿马宪法》第17条规定,设立政府的目的在于保障个人权利(人权)的有效实施。保障人权是国家要承担的法律责任,而环境权的人权属性已经得到了巴拿马国家的认可,保护环境也就成为国家承担的强制性法律义务,而这种国家承担的强制性法律义务必然源于公民在宪法上享有的环境权,否则这种强制性就缺乏存在的合法性基础。所以,宪法上的一项国家义务条款能否推导出公民某项基本权利的存在取决于以下几个要件:国家对人权的宪法态度、某项权利是否属于国际普遍认可的人权、某项人权是否得到国内法或者政府规范性文件的认可[③]以及该项国家义务条款中的义务是否与某项人权对应的国家义务相一致。

接下来,我们将根据宪法中的强制性国家义务条款必然导出某种公民基本权利的存在这一结论,分析根据我国现行《宪法》第21条的规定能否推导出体育权利的存在。下文以体育权的人权属性、我国《宪法》第21条的国家义务是否和体育人权的义务内容相一致、国家对体育人权是否认可的态度、《宪法》对人权保障条款的确立为要件基础思考这一问题。

3. 我国《宪法》第21条具备推导出体育权利的构成要件

《宪法》上的公民基本权利属于人权体系中的基本权利。体育权是一项新型基本权利已经获得包括国际社会在内的普遍认可。体育权成为一项新型权

---

① 联合国于1972年在瑞典斯德哥尔摩召开的"人类环境会议"上通过了《联合国人类环境会议宣言》,该宣言第1条宣布:人人有在幸福的优良环境里享有自由、平等和适当生活条件的基本权利,将其作为一项人权确定下来。

② 参见董灵:《环境权与环境法制创新》,载《法学家》1997年第3期。

③ 因为人权在本质上是一国主权范围内的问题,只有国家认可的人权,国家才可能承担保障其实现的强制性法律义务。有些人权虽然获得了国际社会的普遍认可,但如果不被具体的国家所认可,也就不可能成为该国宪法上的一项公民基本权利。

利起初是人们对健康生活需求的回应,健康已经发展成为现代社会中人们的基本需求。

2003年,世界卫生组织的报告《通过身体活动和体育运动的健康与发展》表明缺乏体育运动会使得癌症等疾病的发病率显著提高,甚至会造成将近200万人的死亡。医学数据证明,体育运动是提高身体免疫力、减少慢性疾病非病毒性疾病发病率的最有效的方式。该报告显示,饮食问题、身体运动量、酒精摄入含量、抽烟等都是引发心脏类疾病发病的诱因,而其中增加体育运动量,规律健康的饮食方法能够减少一半以上糖尿病的发病率。[①] 再者,由于现代社会快节奏的生活方式,肥胖症人群越来越多,全球十亿成年人中,肥胖症人群占有三成,甚至超过了吸烟致死的人群数量。有效数据显示,全球范围内,60%以上的人群运动量缺乏,体育活动能力不足。体育运动也随着人们年纪的增加而逐渐减少,在很多国家,经常进行体育活动、保持健康的运动生活方式的年轻人不到三分之一,其中,年轻女性要比年轻男性更加不注重体育运动的锻炼。而目前快节奏的生活方式也是导致体育运动减少、高体重人数增加的一个重要的原因,长期的电脑桌上的工作,消耗了人们大量的时间,仅有的休息时间使得人们对体育运动缺乏耐心。[②] 世界卫生组织的结论表明,良好的体育锻炼习惯可以延长人们的寿命,降低癌症以及心脏类疾病的发病率,从而降低由这些疾病引发的死亡率,降低高血压以及糖尿病的风险,减少肥胖症的发生。同时,体育锻炼还能帮助人们提高耐力,减少生活压力,养成健康的生活习惯,从而促进人的健康发展。[③] 当然,促进人的身体健康仅是体育价值的重要组成部分并不代表全部,体育活动还能使人获得精神上的愉悦和满足。人不但要获得物质上的满足,健康地活着,还要过有德性的生活,即享有精神生活。这种进行文化活动的力量是人区别于低级生命的重要标准。[④] 鉴于体育对人和社会全面发展的重要

---

① 参见姜世波:《从人权法视域反思我国的体育权利研究——兼与张健博士商榷》,载《体育成人教育学刊》2018年第1期。

② 参见姜世波:《从人权法视域反思我国的体育权利研究——兼与张健博士商榷》,载《体育成人教育学刊》2018年第1期。

③ 参见姜世波:《从人权法视域反思我国的体育权利研究——兼与张健博士商榷》,载《体育成人教育学刊》2018年第1期。

④ 参见[美]E.博登海默:《法理学:法律哲学与法律方法》,邓正来译,中国政法大学出版社2001年版,第392页。

作用,联合国教科文组织于 1978 年通过的《国际体育教育、体育活动与体育运动宪章》第 1 条就申明,参加体育活动是所有人的一项基本权利,并且要使该权利对所有人来说成为现实。该宪章彰显了鲜明的人权理念。联合国教科文组织还与国际奥委会展开人权法治方面的合作,并共同促使 1996 年修改的《奥林匹克宪章》增加了"从事体育(the pructice of sport)运动是一项人权"的规定。1992 年修改的《欧洲体育宪章》也规定"任何人都有参加体育活动的权利"。2015 年,联合国教科文组织在巴黎举行的第 38 届大会通过了修订的《国际体育教育、体育活动与体育运动宪章》,第 1 条再次确认体育权利是人的一项基本权利,并且规定的比 1978 年更加具体:人人都有开展体育教育、体育活动和体育运动的权利,无论性别、种族或者其他任何原因。[①]《国际体育教育、体育活动与体育运动宪章》和《奥林匹克宪章》虽然不是国家与国家之间签署的公约或者条约,如《公民权利和政治权利国际公约》,但它们仍然属于国际法意义上的规范,因为这些宪章都是按照大数原则表决通过的,基本上代表了国际社会的共识,具有很强的国际普遍意义。所以,体育权是一项人权是有国际法基础的,它的人权属性不是仅基于人权理论的推演,更是基于国际法的规范而存在。

国家是人权实现最主要的义务主体,国家通过履行相应的义务不断把人权保障提升到较高水平。保障人权的国家义务从类型来说,主要有道德义务和法律义务,法律义务又可以分为指导性义务和强制性义务。指导性法律义务条款只能说明国家希望这么做,但在保障人权尚未成为国家要承担的刚性义务的情况下,这种条款并没有强制约束力。体育权作为一项基本人权要求国家履行保障体育权实现的义务,即国家通过发展体育事业为公民开展体育健身活动创造条件,以满足人们的健康需要,但这种义务可能只停留在指导性法律义务层面。我国《宪法》第 21 条规定的"国家发展体育事业,开展群众性体育活动,增强人民体质"可以分为手段和目的两个组成部分,其中"国家发展体育事业,开展群众性体育活动"是手段,而"增强人民体质"是其最终目的,"增强人民体质"实际上就是增强人的健康。第 21 条规定了国家有发展体育事业、增强人民健康的义务,国家发展体育事业、增强人民健康的义务其实就是体育人权所对应的

① 参见李平平、王雷:《对〈国际体育教育、体育活动与体育运动宪章〉的解读与思考》,载《北京体育大学学报》2016 年第 7 期。

国家尊重和保障体育人权的义务，只不过这种国家义务是基于国家希望这么做而设置，而非基于公民享有的宪法权利要求国家这么做。

在“国家尊重和保障人权”写入我国《宪法》之前，第 21 条虽是法律义务条款，但这种义务条款仅是指导性的法律义务条款，本身对国家并不具有强制性约束力。随着 2004 年第十届全国人民代表大会第二次会议把“国家尊重和保障人权”写入《宪法》，人权成为国家权力运行的指导性原则。尊重和保障人权不仅是社会对国家提出的政治道德要求，更是《宪法》规定的强制性义务。[①] 它在《宪法》上理顺了国家权力和公民权利的关系，公民权利是第一位的，国家权力是第二位的，国家尊重和保障人权必然是强制性的义务，否则就违反了基本的宪法逻辑，其也就丧失了在《宪法》上存在的正当性。“国家尊重和保障人权”条款的另外一个功能是弥补基本权利体系的缺漏，即在对《宪法》未列举权利的保护方面，提供一种解释原则，从而起到一定的补充功能。[②] 纲领性人权条款是对公民权利进行推定的根据，这种立法技术将公民的基本权利分为列举的权利和推定的权利，以照顾到那些未列举或立法时认识不到而在日后需要给予尊重和保障的权利。[③] 在《宪法》文本中，它可以成为结合其他条款提炼和发现新权利的解释规则。这意味着《宪法》的基本权利体系是开放的，随时代俱进的，同时，已经存在的针对某种人权的义务性条款将转变为强制性的，不再是指导性的。

还要考察我国对体育人权是否认可。自中华人民共和国成立以来，我国一致高度重视全民健身工作，自 1995 年以来，先后四次实施全民健身计划，即《全民健身计划纲要(1995－2010 年)》《全民健身计划(2011－2015 年)》《全民健身计划(2016－2020 年)》《全民健身计划(2021－2025 年)》，我国全民健身事业得到蓬勃发展，体育促进身体健康和丰富精神生活的观念深入人心。2009 年，国务院颁布的《全民健身条例》以直接明示的法律语言在其第 1 条阐明其立法目的——“保障公民在全民健身活动中的合法权益”，并在第 4 条明确规定，“公民有依法参加全民健身活动的权利，地方各级人民政府应当依法保障公民

---

① 参见严海良：《“国家尊重和保障人权”的规范意涵》，载《法学杂志》2006 年第 4 期。

② 参见韩大元：《宪法文本中的“人权条款”的规范分析》，载《法学家》2004 年第 4 期。

③ 参见徐显明：《人权的体系和分类》，载《中国社会科学》2000 年第 6 期。

参加全民健身活动权利”。《全民健身条例》是国务院制定的行政法规，属于仅次于法律的中央立法，全国人大及其常委会制定的法律和国务院制定的行政法规具有很强的官方宣示意义，与人权入宪的形势形成了紧密呼应。这显现出我国对公民体育权利的保障发展到了一个新境界。[①]《全民健身条例》关于体育权利的明示规定说明我国政府已经认可和接受了体育人权，这一点与我国政府对环境人权的态度明显不同。虽然国际社会普遍认为环境权是一项人权，但由于我国《环境保护法》以及相关的法律法规中并没有明确的环境权利条款，其他权威性规范性文件中也没有规定人权意义上的环境权或者说认可环境人权的表述，这说明我国政府并没有承认环境权是一项人权。尽管我国《宪法》第 26 条规定了国家保护环境的职责，即国家保护和改善生态环境与生活环境，但由于我国对该项人权并不认可，所以无法根据第 26 条推导出环境权是公民享有的一项基本权利。

综合体育权的人权属性、我国《宪法》第 21 条规定的国家义务与体育人权对应的国家义务在内容上相一致、“人权入宪”以及我国对体育人权的认可，可以得出这样的结果：《宪法》第 21 条规定的国家尊重和保障体育人权的义务已经从指导性法律义务转变为强制性法律义务。从国家尊重和保障体育人权是国家必须履行的强制性法律义务也就可以得出这样的结论：体育权利是公民的一项基本权利，根据我国《宪法》第 21 条可以推导出体育权利是我国《宪法》上一项未明示列举的基本权利。

根据国家强制性法律义务源于公民权利的原理，国家发展体育事业、增强人民健康的义务源于公民的体育权利，而公民的体育权利虽不是《宪法》明示列举的权利，但随着人权入宪，《宪法》第 21 条规定的国家发展体育事业、增强人民健康的义务已经转变为一项强制性法律义务，该项强制性国家法律义务必然会指向它要保障的基本权利——公民体育权利，那么公民体育权利是一项《宪法》未明示列举的基本权利就可以证成了。一般而言，法律法规中确立的公民权利虽不直接源于《宪法》所明示的权利，但也源于《宪法》所隐含的默示权利。《全民健身条例》第 4 条规定，公民有依法参加全民健身活动的权利。通过严谨

---

① 参见于善旭：《从提倡到保障：新中国体育权利立法的发展与期待》，载《体育学刊》2010 年第 7 期。

地义务推导权利的论证，并不会导致权利的泛化，相反还会给《宪法》注入时代的鲜活血液，由《宪法》第 21 条规定的国家义务推导出体育权利的存在也符合时代的发展要求。

（二）体育权利是什么性质的基本权利

按照现代宪法学对基本权利的通常分类，基本权利可分为三类：(1)参政权，即被选举权、选举权、罢免权等古典政治权利，此类权利是为了保障人民对国家权力运作的参与和监督。(2)自由权，又称防御权，此类权利的效力在于要求国家消极不作为，目的是保留公民自由活动的空间和防止国家对公民自由的侵犯，主要指集会、结社、言论、出版、宗教自由及财产权等。(3)受益权，又称给付请求权，公民除要求国家承担消极不侵犯的义务之外，还要求国家对私人承担积极作为的义务，保障公民权利的实现。受益权主要指公民的经济、社会、文化权利，如获得劳动权、受教育权、社会保障权、生存权、弱者受特殊保护等。[①]

受益权与自由权分别对应不同意义上的国家与公民之间的关系，针对国家提出了截然不同的刚性要求。为了保障自由权，人们需要消极克制的有限政府，避免公民权利被来自公共机构方向上的行为侵犯；为了保障受益权，人们需要积极作为的服务型政府，为公民权利的实现提供必要的条件。受益权所针对的乃是国家的积极义务，国家要以积极的作为为公民基本权利的实现提供一定的给付，给付的内容主要是对公民在物质上、经济上的资助。在这种意义上，受益权对应的国家义务是积极给付义务。[②] 受益权主要指《宪法》上的经济、社会、文化权利，经济社会文化等受益权形成于 20 世纪初期，旨在要求国家积极干预社会经济生活，属于发展社会福利事业的第二类人权。

本书认为，体育权利在宪法基本权利的性质上应该属于受益权，属于一种经济、社会、文化权利，它要求国家承担积极作为的义务，帮助公民实现该权利，主要对应的是国家给付体育公共服务产品的义务。所谓给付体育公共服务产品的义务是指，国家以积极作为的方式为公民提供某种体育利益的义务，给付

---

① 参见谢瑞智：《宪法新论》，台北，文笙书局 1999 年版，第 160 页。

② 参见李建良：《基本权利理论体系之构成及其思考层次》，载李建良：《宪法理论与实践》，台北，新学林文化事业有限公司 1999 年版，第 63 ~ 67 页。

的内容可以是物质性的利益,也可以是服务行为。受益权的给付义务与自由权所对应的消极义务是完全不同的义务形式。消极义务是要求国家不去干预人民体育活动的自由,让每个人都通过不受限制的自我奋斗去谋求高质量的体育生活。但是,人们自己的努力未必使他们都能获得体育生活的满足,经济发展不平衡必然使一部分地区和行业部门先富起来,使一部分人先拥有行使权利的物质基础。每个人主观条件的差异也决定了贫富不均,财产的多少决定实现体育生活的质量,部分人并没有能力保障自己的体育利益。富者由于具有雄厚的经济实力,体育利益的实现自然不成问题,而穷人由于经济条件的限制,靠自己实现体育利益是比较困难的。在这种情况下,国家提供物质上的给付就比要求国家不干预更为重要。国家履行给付义务很大程度上就是为了保障所有个人都能获得满足人们体育锻炼的最低条件,使人们在任何情况下都能维持起码的体育利益,在满足人们体育物质文化需要最低限度的基础上,逐步推进公民体育权利更高程度地实现。体育权利的国家给付义务就是要求国家提供社会扶助、提供体育公共服务产品以维持人们基本的体育生活。公民的经济、社会、文化权利的核心价值是平等,体育权利属于经济、社会、文化权利,故其目的在于最大限度地减少享有体育利益方面的两极分化,实现人与人之间的体育利益上的结果公平,让国家采取措施帮助处于社会底层的人们实现自由而全面的发展。

国家对公民体育权利的实现,负有最低限度的满足义务和逐步推进的促进义务。在市场经济条件下,体育公共服务产品的主要供给方式是政府直接提供、市场运作与政府相结合的提供、社会服务部门的提供。政府不是体育公共服务产品的唯一供给者,但需要注意的是,体育公共服务若完全实现市场化,实际上也就是剥夺了大部分中低收入阶层享受体育公共服务的权利,政府躲避了自己应该承担的供给基本体育公共资源的责任和义务。公民的体育权利属于社会权,需要国家的积极给付,政府是满足公民最低限度体育公共服务产品的唯一供给者,提供具有公共属性的体育服务基础设施,是政府必须承担的投资与建设责任。[①] 从法理上讲,国家向公民提供最低限度的体育公共服务产品,是

① 政府应不应当干预体育,应不应当发展体育是近些年来有争议的问题。有学者主张体育社会化和市场化就应当让政府彻底退出体育领域,这种观点忽略了体育权利属于受益权的宪法性质。

公民体育权利作为宪法权利对国家的刚性要求。政府向公民提供的体育公共产品属于纯公共产品,具有非竞争性和非排他性的二元特征;[①]而市场提供的公共产品虽有公共之名,但不能算是纯公共产品,其实质还是私人产品,不会同时具备非竞争性和非排他性的二元特征。发达国家在体育公共服务供给中,基础性体育设施的覆盖率很高,几乎都是免费服务。[②] 当然,最低限度的标准和内容会随着人们对体育利益观念的认识和社会经济的发展而变化。

(三)体育权利在宪法权利谱系中的独立性

学界一般将我国《宪法》第 21 条、第 46 条、第 47 条一起作为公民享有体育权利的宪法依据。根据《宪法》第 46 条"中华人民共和国公民有受教育的权利和义务。国家培养青年、少年、儿童在品德、智力、体质等方面全面发展"的规定,体育权利包括体育教育权,而体育教育权属于公民受教育权的范畴。[③] 根据《宪法》第 47 条"中华人民共和国公民有进行科学研究、文学艺术创作和其他文化活动的自由。国家对于从事教育、科学、技术、文学、艺术和其他文化事业的公民的有益于人民的创造性工作,给以鼓励和帮助"的规定可以推出,公民享有相关的体育权利。[④] 因此,可以说,从现行《宪法》的受教育权和科研文化权利中推定体育权利,有其相当的合理性。根据我国《体育法》,国家发展体育事业、增强人民体质的义务应该是在体育事业的基本结构,即学校体育、竞技体育和社会体育上展开和实施的。20 世纪 90 年代,以著名学者于善旭教授为代表的体育法学者开始大声呼吁对公民体育权利的研究,公民体育权利从此成为体育法学理论研究的重点问题。在当时的时代背景下,受经济发展水平的限制,社会体育(民生体育)在我国尚未兴起,其总体上还处于比较落后的水平,政府在民生体育方面的投入可以说是十分有限,国家发展体育事业的重心在学校体育和竞技体育。在这样的实践条件下,体育权利作为一个崭新的权利概念,其内

---

① [美]N. 格里高利·曼昆:《经济学原理》(上册),梁小民译,北京大学出版社 1999 年版,第 188 页。

② 参见刘玉:《发达国家体育公共服务均等化政策及启示》,载《上海体育学院学报》2010 年第 3 期。

③ 参见张振龙、于善旭、郭锐:《体育权利的基本问题》,载《体育学刊》2008 年第 2 期。

④ 参见于善旭:《论公民的体育权利》,载《体育科学》1993 年第 6 期。也有学者认为文化活动的权利和自由没有涵盖体育权利,参见殷啸虎主编:《宪法学》,上海人民出版社 2003 年版,第 337 页。

涵所依据的现实基础主要是在学校教育中学生所享有的与体育活动相关的权利和运动员、教练员、体育科研工作者在竞技体育中基于自己的创造性劳动所享有的请求国家给予相应物质帮助的权利，其主体主要是受教育者、运动员、教练员、裁判员和体育科研工作者等。从学校体育和竞技体育的角度讲，受教育权和科研文化权利中包含公民的体育权利。那么，公民的体育权利与受教育权、科研文化权利之间是否只存在包含关系而无自身的独立性呢？本书认为，体育权利是宪法权利谱系中的一项基本权利，它与受教育权、科研文化权利既存在一定的包含关系，又存在并列关系，有其自身的独立性。

在国际上，2015 年的《国际体育教育、体育活动与体育运动宪章》中对体育权的内涵作了较为全面的规定。首先，它将体育权的平等性在其条文中明确列举，不问公民出身，不问客观现实，从均有机会通过体育运动开展活动的资格。其次，国家有义务保障公民体育权利的实现，即明文规定体育权作为国家的一项积极义务。最后，它还明确要求政府机关、体育机构必须支持人们通过体育运动促进身心健康。除此之外，它也规定了对弱势群体进行体育运动的保护。这些条款都明确表达了人人平等但不排斥合理差别地享有体育权，不因现实条件的差别剥夺权利，同时也规定了国家应该履行其义务，保障公民体育权利的实现。在我国，“国家发展体育事业，开展群众性的体育活动，增强人民体质”最开始出现在 1982 年《宪法》的总纲中。1982 年《宪法》把“公民的基本权利和义务”置于“国家机构”之前，表明国家的权力源于人民，凸显了《宪法》尊重和保障人权的核心价值。其第 21 条的内容一直存在于后来的《宪法》条文中，凸显了体育权利一直是我国多年来研究的重点内容。如今，国家全民健身计划的推行为体育权提供了适合其生存的土壤，所以体育权的宪法属性是符合中国的基本国情的。

在现代社会，国家负有促进公民权利和自由实现的义务。体育权利是我国公民的一项基本权利，向所有公民提供最低限度的体育公共服务是国家的义务。我国 2009 年颁布的《全民健身条例》第 1 条明确规定，保障公民在全民健身活动中的合法权益。所以，无论是从国际上还是从我国经济社会发展的现状来说，体育权的独立存在已经成为人们的迫切需要。自“国家发展体育事业，开展群众性的体育活动，增强人民体质”被 1982 年《宪法》明确列入宪法条文以来，体育权作为一种未被明确列举的宪法权利不断被增加新的内涵。有学者认为体育权不具有在宪法权利中存在的独立性，目前的法律体系对于体育权利的保护已经很完善了。其实相反，首先，《宪法》的前瞻性已经使其具有了适应社会发展新情况的弹性，体育权在《宪法》中的存在不仅是宪法时代化的一种体现，还能维护《宪法》的权威性与先进性。其次，我国《宪法》规定的各项基本权利之间既有共同点，又有其各自的独立性。还有人认为，现有《宪法》中的生命权、健康权、财产权、社会文化权、社会经济权等基本人权已经足够支撑起对体育权利的保护，因为体育权利与上述权利重合，体育权利没有入宪的必要。而本书认为《宪法》中的健康权、受教育权、科研文化权利等基本权利与体育权虽有一定的交叉但并不完全重合。其实《宪法》上的任何一项基本权利都不是简单、孤立的，其与别的基本权利都会存在交叉，但有交叉并不代表没有区别。正如健康权中，侵犯其进行体育运动权导致其体质下降是健康权受损的一种结果，但并非完全结果，健康权着重保护基本公共卫生保健的权利，而不是通过体育活动来保障公民的身体健康。① 近年来，国家不断为全体公民享受体育健身权益提供物质保障，体育权利不仅是受教育者和体育工作者的权利，从民生体育的角度讲，其也是普通公民的一项受益权，其所具有的独立性越来越明显。因此，可以从民生体育的角度考察体育权利与受教育权、科研文化权利的区别，以此获得相应的认识。

受教育权是一项基本人权，是《宪法》赋予的一项基本权利，是公民所享有的并由国家保障实现的接受教育的权利。受教育权在内容上包括两个方面：公民享有从国家接受文化教育的机会和获得受教育的物质帮助的权利。体育权利和受教育权都是每个公民享有的经济、社会和文化权利，二者都属于宪法基本权利中的受益权，但二者在权利内涵上有一定的区别。

(1)按照我国《宪法》的规定，二者都是公民的基本权利。从权利能力的角度讲，每个中国公民都有平等资格享有受教育权与体育权利，但从行为能力的角度讲，能够享有受教育权的公民限于在校主体，享有体育权利的公民则更加广泛。除了九年义务教育之外，国家还可以采取必要的考试制度，使具备一定能力的公民接受较高层次的教育，公民也可以不经过考试获得职业教育和成人教育。国家的公民可以分为在校主体与非在校主体，几乎每个公民一生中都会接受

① 参见姜世波：《论体育权作为一种新型人权》，载《武汉体育学院学报》2018 年第 4 期。

国家提供的教育,但大部分公民不可能一生都处于国家提供的在校教育中。就我国而言,接受各种形式教育的在校主体仅是我国公民的一部分,并非一切在校主体都要进行体育教育。根据《职业教育法》第4条的规定,其实国家并没有将体育纳入职业教育的内容,而是将职业教育的范围定位在思想道德和职业技能两个方面。教育实践中,非学历性成人教育的内容是职业技能教育,并没有体育教育的内容。另外,如果我们认为受教育权涵盖了体育权利,那么公民不接受教育的时候,是不是就无法享有我国《宪法》赋予公民的体育权利。事实上,能够享有体育权利的公民范围要广泛得多,不限于在校主体,其包括一切能够从事体育活动的人,这些人都可以以自己的行为享有国家提供的体育公共服务产品。

(2)根据我国《宪法》的有关规定,受教育权既是公民的一项权利,又是公民的一项义务。在义务教育阶段,适龄儿童、少年没有依照法律规定入学接受规定年限的义务教育以及父母不让适龄儿童、少年接受义务教育违反了公民的受教育权。国家一方面为公民享有受教育权提供各种机会,另一方面有权要求公民履行教育方面应尽的义务。而公民进行体育活动和锻炼的自由属于人格自由,国家免费向公民提供体育公共服务资源,每个公民享有获得这些体育资源机会的平等权利。对于此种机会,公民可以享有,也可以放弃,放弃享有国家提供的体育公共服务并不违反《宪法》的要求,因为它是公民的权利,国家不得干涉。

(3)《宪法》赋予公民受教育权和体育权利的目的不同。教育是向个人传授一定观念、技能和知识,必要时辅以德育课程和体育课程以促进学生德、智、体全面健康发展,促进人实现社会化的一种活动,为学生将来成才和工作需要打下包括身体条件在内的基础。现行的2018年《义务教育法》第34条和现行的2018年《高等教育法》第4条都将体育作为教育教学活动的一部分,其目的是促进受教育者全面发展,成为对社会有用的人才。而《宪法》赋予公民体育权利的目的是公民通过享有体育权利,增强自身的体质,促进公民健康地生活,提高生活水平和质量。调查显示,全国城乡居民参加体育锻炼的主要目的是增加体力活动(34.8%)、消遣娱乐(26.8%)和防病治病(18.9%),其他依次是减压、放松、减肥、健美、提高运动技巧和社交等。[①] 体育从原始的生产性身体活动

① 国家体育总局:《2007年中国城乡居民参加体育锻炼现状调查公报》,载国家体育总局网2012年7月20日,http://www.sport.gov.cn/qts/n4986/c670088/content.html。

中演化出来,具有维持和促进身心健康的功能,其提供一种有益的消遣,可以克服现代生活的不少弊病。现行的《体育法》将学校体育的目的定位在人才全面发展的培养上,社会体育的目的却定位在增进公民的身心健康上。国家向受教育者提供体育教育面向的是学校教育,全民健身面向的是民生体育,受教育权与体育权利在设置目的上存在差异。[①]

另外,体育权利与科研文化权利也存在并列关系。科研文化权利作为一项公民的受益权,它要求国家给予帮助,国家对科研文化权利的给付义务主要是提供科研经费和科研条件,并不包括国家向全体公民提供最低限度的体育公共服务资源的义务。每个中国公民都平等地享有科研文化权利,但仅有做出了创造性工作的公民才有机会要求国家给予帮助,这里包括做出创造性工作的体育科研工作者,但没有做出创造性工作的公民不能要求国家给予帮助。每个公民都有享有体育权利的资格,并且在享有体育权利时,并不是只有做出什么创造性的工作才能要求国家提供体育公共服务,只要具有从事体育活动的行为能力都可以要求国家提供体育公共服务。

有的学者根据《宪法》第 45 条第 1 款的规定"中华人民共和国公民在年老、疾病或者丧失劳动能力的情况下,有从国家和社会获得物质帮助的权利。国家发展为公民享受这些权利所需要的社会保险、社会救济和群众卫生事业"。可以类比公民享有的医疗帮助权论证体育权利。[②] 国家向全体公民推行医疗保险制度,是为了帮助和救济公民恢复健康,而国家向公民最大限度地提供公共体育服务是为了促进公民的身体健康,实现公民的体育自由,提高生活水平和质量。二者在价值目标上有着根本区别。所以,公民的体育权利与公民的医疗帮助权是两种不同的宪法权利。

总之,体育权利作为我国《宪法》上未明确列举的基本权利,与《宪法》上的其他权利有交叉但不完全重合,在宪法基本权利的谱系中具有独立性。

---

① 我国《宪法》将体育定位为既与教育相交叉,又独立于教育的专门社会文化活动。有些国家宪法的体育条款体现了体育的独立性,对体育权利都有明确独立的规定。例如,《西班牙宪法》第 43 条第 3 款规定,公共当局应培养健康教育、身体教育和体育,同时,他们应提供足够的休闲设施。《葡萄牙宪法》第 79 条第 1 款规定,人人享有体育权利;第 2 款规定,国家既有义务联合学校、体育协会和团体,促进、刺激、指导和支持开展和传播体育,也有义务阻止体育暴力。

② 参见秦奥蕾:《基本权利体系研究》,山东人民出版社 2009 年版,第 95 页。

(四)从两个案例看体育权利的宪法属性

为了更为清晰地论证体育权利的宪法属性,从而证成体育权利是《宪法》上的一项独立权利,而非民法上的一项独立权利,本书假设两个案例。案例1:公民甲想去本地国家提供的免费体育场馆进行体育锻炼,公民乙欲霸占整个体育场馆而阻止甲进行体育锻炼,这时乙是否侵犯了甲的体育权利,如何给予保护?案例2:公民甲想去本地国家提供的免费体育场馆进行体育锻炼,而代表当地体育局管理体育场馆的工作人员乙为谋私利,让自己的亲属丙免费进场,而向甲索取进场费,甲不给,乙则不让甲进入体育场馆进行体育锻炼,乙是否侵犯了甲的体育权利?

在案例1中,甲在《宪法》上的体育权利是否受到了侵害呢?甲从国家那里免费获得利用体育场馆进行体育锻炼的机会,他获得此机会后,有不受干涉享受体育锻炼的自由,乙显然侵犯了甲在体育活动中享有的自由。这种体育人格自由是一种可保护的人格利益,甲可以提起侵权之诉,根据民法上的人格权保护这种体育人格利益,但在该案例中,国家并没有侵犯甲在《宪法》当中的体育权利。

在案例2中,甲在《宪法》上的体育权利是否受到侵犯了呢?根据《宪法》上的体育权利,甲可以享有政府免费提供的体育公共资源,乙代表国家享有控制分配体育公共资源机会的权利,乙不让甲进入体育场馆进行体育锻炼是乙代表国家侵犯了甲在《宪法》上的体育权利,同时也侵犯了甲在《宪法》上的平等权。

通过这两个假设的案例可以看出,民法上的体育权利仅是一种可保护的人格利益,尚不能成为一种独立的民事权利,它的义务主体是所有的个人;而《宪法》上的公民体育权利的唯一义务主体是国家,公民根据《宪法》上的体育权利虽不能直接要求国家提供免费的体育公共资源,但在国家提供体育公共资源后,其拥有免费享有体育公共资源的权利。

二、公民体育权利的主要内容

关于体育权利的内容。冯玉军认为,体育权利包含公民的健康权利、社会经济权利、社会文化权利。[①] 刘举科认为,公民的体育权利分为平等权、政治权利、宗教信仰自由、人身权利、社会经济权利、文化教育权利、监督权和请求权,以及特定主体的权利保护八个方面。汤卫东认为,一般公民享有参加体育活动的人身自由、生命安全、身心健康、休息娱乐和选择参加体育活动的权利、获得国家体育福利和支持、获得体育荣誉、表达体育意愿、体育地位平等、自由参加体育组织等体育权利;而运动员、教练员和裁判员等从事体育劳动的特定公民享有与其岗位相应的 13 项体育权利。[②] 凡红等认为体育权利的基本内容是与体育有关的各种形式的权利,包括接受体育教育、享受公共体育设施及场地、自由进行体育活动、成立体育社团、享受公平竞赛的环境、优秀运动员在就业或者升学方面享受优待等。[③]

1978 年的《国际体育教育、体育活动与体育运动宪章》是最早明确规定体育权利的国际体育法文件,该宪章第 1 条规定,参加体育是所有人的一项基本权利。但实际上,这个时间还要提前。至少在 1975 年,欧洲体育部长会议上发布的《欧洲全民体育宪章》第 1 条就规定:每个人应享有参加体育的权利(the right to participate in sport)。[④] 1996 年 7 月,国际奥委会也根据时势发展在《奥林匹克宪章》基本原则中增加了一条规定,即“从事体育是一项人权。每个人都有能力根据自己的需要进行体育”。[⑤] 目前,国内体育法学界,如于善旭(1998)、[⑥]张厚福(2001)、[⑦]李雁军(2001)、[⑧]黄世席(2003)、[⑨]邓小刚(2004)[⑩]和董小龙(2009)[⑪]等学者均认同体育权利是一项基本的权利。而人权的基本

① 参见冯玉军、季长龙:《论体育权利保护与中国体育法的完善》,载《西北师大学报(社会科学版)》2005 年第 3 期。

② 参见汤卫东:《体育法学》(第 2 版),南京师范大学出版社 2007 年版,第 61 ~ 65 页。

③ 参见[英]凡红、吕洲翔:《体育权利论》,四川科学技术出版社 2008 年版,第 7 页。

④ 参见陈华荣:《体育的宪法保障研究——对全球成文宪法体育条款的比较分析》,苏州大学 2011 年博士学位论文,第 108 页。

⑤ 参见黄世席:《国际体育运动中的人权问题研究》,载《天津体育学院学报》2003 年第 3 期。

⑥ 参见于善旭:《论公民体育权利的时代内涵》,载《北京体育大学学报》1998 年第 4 期。

⑦ 参见张厚福:《体育法理》,人民体育出版社 2001 年版,第 233 ~ 234 页。

⑧ 参见李雁军:《体育与人权》,载《体育文史》2001 年第 4 期。

⑨ 参见黄世席:《国际体育运动中的人权问题研究》,载《天津体育学院学报》2003 年第 3 期。

⑩ 参见邓小刚、朱桂莲:《一项国际性的人权——体育权的发展》,载《体育文化导刊》2004 年第 8 期。

⑪ 参见董小龙:《中国公民体育权利的法律保护》,载《宁夏党校学报》2009 年第 2 期。

常识是人权指人的基本权利，是任何一个人生来就应享有的自然性权利，如果作为宪法权利的体育权利的基础是体育人权，则意味着人人享有。《宪法》上的公民体育权利应该是每个公民都享有的基本权利，而非部分人群享有的权利，所以，运动员享有的体育权利不应该成为宪法意义上体育权利的内容。从公民体育权利是一项基本人权，其权利性质是一项受益权的认识出发，再根据 2015 年《国际体育教育、体育活动与体育运动宪章》对于体育人权的具体规定（主要是第 1 条和第 8 条），即人人都享有体育活动的自由，对弱势群体特别关注和照顾，国家要为每个公民的体育活动提供充足的空间、设施和设备并提供相应的安全保障等内容，本书认为公民体育权利的主要内容如下：

（1）从事体育活动的自由

体育是一种增强人适应环境的能力及可以舒缓压力的活动，其包含着一种独特的属人需要。体育作为人类特有的一种文化活动，成为人类实践自由、追求自由的一种重要方式。人们通过体育活动发掘生命的能量、挥洒生命活力，在力量与美的交织中获得感官和内心的双重愉悦体验，同时体育活动可以使人充分发挥自己的内在力量，不断挑战自我，达到生理和精神的和谐。从事体育活动的自由是公民享有的体育权利的基础性内容，若体育自由不能实现，体育权利也就无从谈起。

（2）公共体育设施的合理使用权

公共体育设施是全民健身事业的物质基础和基本前提。公民体育权利的实现是通过公民利用公共体育设施的健身活动实现的，因此，每个公民都拥有对公共体育设施合理使用的权利。可以说，业余体育活动和大众体育活动同公共体育设施的合理使用权存在千丝万缕的关联，当然也不是一点都不涉及职业体育问题。

国务院制定的行政法规对于公民享有合理使用公共体育设施的权利给予了一定的制度保障。如《公共文化体育设施条例》通过多条条文详细规定了应在什么时间、什么条件下开放公共体育设施、公共体育服务，应当提供什么样的具体内容及如何对公共体育设施加强维护管理等诸多内容，《公共文化体育设施条例》第 15 条第 1 款和第 2 款第 1 句规定，新建、改建、扩建居民住宅区，应当按照国家有关规定规划和建设相应的文化体育设施。居民住宅区配套建设的文化体育设施，应当与居民住宅区的主体工程同时设计、同时施工、同时投入使用。第 11 条规定,公共文化体育设施的建设选址,应该符合人口集中、交通便利的原则。第 12 条规定,体育设施的设计还应该采取无障碍措施,以便利残疾人使用。《全民健身条例》第 12 条第 4 款规定,公共体育设施应当在全民健身日向公众免费开放;国家鼓励其他各类体育设施在全民健身日向公众免费开放。第 27 条规定,公共体育设施的规划、建设应当与当地经济发展水平相适应,方便群众就近参加健身活动;农村地区公共体育设施的规划、建设还应当考虑农村生产劳动文化生活习惯。第 28 条第 1 款第 2 句的前半句规定,公办学校应当积极创造条件向公众开放体育设施。2006 年,国家体育总局联合教育部发布《全国学校体育场馆向社会开放试点工作方案》,开始试点实行学校体育设施向社会开放的政策。天津、上海等地的全民健身条例中规定了学校体育设施向社会开放的制度,有些地方还制定实施了专门的地方性立法,如广东省通过的《广东省学校体育场馆向社会开放实施办法》等。在体育公共设施资源增量供给有限的情况下,国家努力整合现有的存量资源,扩容现有的体育公共设施资源,以满足群众使用体育公共设施进行健身的权利。当然,学校体育设施向社会开放的政策和地方立法的实施效果还不太理想,这也说明我国公共体育设施供给的保障制度目前还存在一定的缺陷有待弥补。

(3)保障弱势群体参与体育活动的自由

人权的基础保障源于平等。权利平等是国际社会公认的理念,每个自然人均平等享有权利。活泼好动是儿童的天性,进行体育运动是人与生俱来的需要,并且体育运动大多是自发地进行的。实现性别的平等对于体育权利的实现起着至关重要的作用。受历史、文化和宗教等因素的影响,妇女在人权保障上是远远低于男性的,在现代社会,妇女体育权利的实现在一定程度上会促进社会均衡发展。残疾人作为社会弱势群体,要为他们参与正常人的体育活动积极创造条件。西方发达国家在其体育政策法规中都有保护弱势群体、特殊群体体育权益的规定。如荷兰体育立法中要求社会体育中心要有一定的康复医疗设施,以确保老年人能够享受到自己的体育权益;英国政府制定的“适合你的体育活动计划”中专门开发了一些适合妇女的体育锻炼项目。[①] 我国《体育法》第 5

① 参见刘玉:《发达国家体育公共服务均等化政策及启示》,载《上海体育学院学报》2010 年第 3 期。

条规定:“国家依法保障公民平等参与体育活动的权利,对未成年人、妇女、老年人、残疾人等参加体育活动的权利给予特别保障。”第 23 条规定:“全社会应当关心和支持未成年人、妇女、老年人、残疾人参加全民健身活动。各级人民政府应当采取措施,为未成年人、妇女、老年人、残疾人安全参加全民健身活动提供便利和保障。”第 24 条规定:“国家实行青少年和学校体育活动促进计划,健全青少年和学校体育工作制度,培育、增强青少年体育健身意识,推动青少年和学校体育活动的开展和普及,促进青少年身心健康和体魄强健。”《全民健身条例》第 8 条规定,制定和实施全民健身计划,应当充分考虑学生、老年人、残疾人和农村居民的特殊要求;第 16 条规定,妇联、残联等社会团体应结合自身特点组织开展全民健身活动。但在我国体育公共服务的实践中,这些弱势群体的体育权益往往被忽略了,以后应该强化这些规定的落实。

(4)在体育活动中获得安全保障的权利

保障每个人通过体育活动获得人身健康是体育权利存在的基本价值。体育活动中的安全保障是获取人身健康的必要条件,故每个公民在体育活动中享有获得安全保障的权利,其是体育权利的必要内容。该项权利主要是通过体育设施经营管理者的安全保障义务予以实现,主要包括两个方面:一是体育公共设施的经营管理者提供的设施应符合国家强制标准,在没有国家强制标准的情况下应符合行业标准或者一般安全标准。二是体育公共设施的经营管理者应当采取必要的措施最大可能地避免危险事故的发生,以及当对事故发生时,采取紧急处理措施方式以防止危害的扩大。如配备足够的、合格的体育指导员、救生人员、消防人员、安保人员等,发现不安全的隐患和因素时应及时提示、告知、协助、保护等。法国制定的《法国大众与竞技体育活动的组织和促进法》和波兰制定的《波兰体育法》的内容都涵盖了有关体育设施方面和体育活动安全的各种情形。这两部法律严格规定了生产体育设施、建设体育场馆应该符合的安全标准、制作体育器材需要遵循的标准、体育环境卫生应该达到的标准、体育保险如何使用以及安全法规在体育活动中的适用问题,具体、详细且约束力强。我国《全民健身条例》第 30 条规定,公园等公共场所和居民住宅区的管理者,应该明确该公共场所和住宅区配置的全民健身器材的管理和维护责任人;第 32 条规定,经营高危型体育项目的,其体育设施应符合国家安全标准,具有相应的安全保障制度和措施,具有达到规定数量的持有资格证书的体育指导人员和救助人员。《公共文化体育设施条例》第19条规定,公共体育设施管理单位应当在醒目位置标明设施的注意事项和使用方法。这些规定没有涵盖非高危性的体育项目的安全标准,也没有明确违反这些规定时应承担的行政责任。故我国体育相关立法与法国、波兰制定的两部法律相比,规定得还不够周延,且约束力弱,需要给予完善。

Chapter 02
第二章
公民体育权利的效力

传统的法律学术界和政治界普遍认为,宪法政治属性的意义远远大于宪法的法律属性。宪法作为国家的根本大法,通常被认为是对统治阶级治理国家起总纲领作用的重要法律文件,统治者以此作为维护社会秩序的法定依据,它对于整个国家生活和社会生活的调整都具有最高的法律效力。长期以来,我国重视宪法的政治性而忽视其法律性,以及违宪审查制度的不健全,使宪法的效力难以充分实现。但是,随着国家功能的不断完善这种情况已经得到了很大的改变,宪法开始在所有社会生活领域内发挥其法律效力。[①] 宪法作为国家权力行使的基础,并且对国家政治制度及运行模式进行了明确的规定,从而形成了一整套构成政治制度的模式和基本规范。此外,宪法应该像法律一样具备约束力和强制力,所有国家公权力都应该受到《宪法》的约束,立法制定、行政决策和司法裁判均要接受合宪性审查,确保《宪法》作为国家的根本大法,凌驾于所有法律及社会权力之上,使所有社会生活领域活动都纳入宪法效力所及范围之内。[②]

我国《宪法》条文对公民的基本权利作了明确的规定,体育权

① 参见杨思留:《论我国宪法的效力及其实现》,载《甘肃社会科学》2009 年第 6 期。

② 参见范进学、张玉洁:《宪法法律化:中国法治之未竟事业》,载《山东大学学报(哲学社会科学版)》2012 年第 1 期。

作为公民的一项基本权利，与《宪法》规定的其他基本权利一样在理论上都具备应有的双重法律效力。为更好地分析公民体育权效力的相关问题，下文首先对基本权利的双重效力进行分析，进而研究体育权的双重效力和体育权客观法效力在我国的现状。

一、基本权利的双重效力

（一）基本权利的定义及构成

"基本权利"是宪法学研究的核心问题之一，同时也是我国法学界争议较多的一个概念。一项权利之所以被《宪法》规定为"基本权利"，首先在于其重要性——对于权利主体而言，其是不可或缺的、难以代替的关键性价值；其次，基本权利是明文规定在《宪法》里的，通过国家强制力保护认可的权利。学者尝试将"基本权利"定义为"必须由宪法认可和规定的，人和公民不可缺少的、不可取代的、不可转让的、稳定的、具有母体性质的平等的共同权利"。传统观念认为基本权利包括两个关键要素："重要"和"宪法规定"。相对于其他一般权利来讲，基本权利是基础和关键，因此，《宪法》应对其明确加以规定并确保其效力和地位。而我国在2004年修宪将"人权"概念写入《宪法》后，"基本权利"的内涵就相应地得到了扩宽，于是有学者开始针对传统的定义进行一定的修改，如"由宪法明文规定或实际存在的公民享有的必不可少的权利"，认为基本权利既可以由宪法文本明确确认，也可以通过未明文列举的方式得到国家的尊重和保障。

基本权利的构成也可以称作基本权利的保障范围，[①]对于基本权利构成的分析主要从基本权利的保障事项和基本权利的权利主体这两个方面着手，这是我们分析基本权利构成无法回避的两个问题，同样也是我们了解基本权利的关键因素。要对基本权利的了解更加深入，对基本权利的分析是必要的，它也是认识基本权利双重效力的关键所在。针对世界各国学者关于基本权利功能的研究，我们大致可将其分为以下三个层次：

---

① 参见张翔：《基本权利限制问题的思考框架》，载《法学家》2008年第1期。

1. 防御权功能

防御权功能又可被称为"国家不作为请求权"功能或"侵害停止请求权"功能。防御权所针对的国家义务是纯粹消极性的,也就是公民要求国家不得侵犯基本权利所保障的利益,当国家侵犯该利益时,公民可以直接依据基本权利的规定要求停止侵害。防御权是每个基本权利均具备的排除国家公权力侵害的功能,同时也是基本权利的功能体系中最为核心的部分。它有要求国家积极作为的权利,也同样具有要求国家不得侵犯公民的合法权利的功能,是一种典型的消极性国家义务。《宪法》对于公民基本权利的最早规定就是自由权,而且防御权功能主要是从自由权推导出来的,或者说防御权功能主要体现的是基本权利的自由价值。实际上,防御权功能与自由权有着密切的联系,在许多人的观念中,二者就是相同的概念。自由权在最基本的意义上就是个人排除国家使用其强制力介入私人领域,以确保个人自由活动的权利。这种消极性自由权的定义与防御权功能的意义可以说是完全一致的,都是要求国家不作为,防止国家对公民权利的侵害。

2. 受益权功能

受益权功能又称为"给付权功能",是指公民基本权利所具有的请求国家做出某种行为的权利,从而享有一定利益的功能。受益权功能主要针对的是国家的积极给付义务,也就是国家要以积极的作为,为公民基本权利的实现提供一定的服务或者给付,给付内容可以是保障公民权利实现的程序或服务,也可以是对公民物质上或经济上的资助。与上述防御权功能不同的是,受益权要求国家作为,国家在公民的基本权利中承担更多的积极的角色,通过各种积极的作为帮助公民基本权利的实现。从这一角度来看也就是国家为保障公民的基本权利,而提供的一系列救济和物质支持,在某种程度上要求国家承担积极的保障义务。

3. 客观价值秩序功能

随着我国法治现代化的不断推进,公民基本权利的效力也在不断发生变化。和前述两个功能相比,基本权利的客观价值秩序功能是有很大不同的,基本权利的客观价值秩序功能要求国家不能只局限于不侵害公民的基本权利,此时国家要尽积极的保护义务,尽可能采取必要的手段和措施来保护公民的权利实现。[①]

以上三种功能是宪法基本权利具备的功能，这三种功能可以进一步浓缩为基本权利的双重效力，使基本权利的功能更加直观和清晰。

（二）基本权利的双重效力

“基本权利的双重效力”这一概念理论实际起源于德国宪法的发展，德国宪法解释基本框架将公民的基本权利认定为具有“主观权利”和“客观法”双重效力，从而建构起一套严密且合理的基本权利保障体系。在“个人向国家主张”的意义上，基本权利是一种“主观权利”，同时基本权利又被确立为“客观价值秩序”，公权力必须自觉遵守这一价值秩序，尽可能地去创造有利于基本权利实现的条件，在这种意义上，基本权利又是直接约束公权力的“客观法”。接下来，我们便从这两个方面对公民基本权利进行分析，以解决基本权利的相关问题。

1.“主观权利”下的基本权利

“主观权利”建立在“个人主张”之上，即个人依据自己的意愿向国家提出要求，并希望其按照此要求做出一定行为或者不为一定行为。基本权利的这种主观属性大致包括两层含义：首先，个人可以依据《宪法》对基本权利的规定要求公权力做出一定的行为或者不为一定的行为。其次，个人可以请求司法机关介入，以达到实现自己要求的目的。主观权利下的基本权利主要包括防御权功能和受益权功能，其中作为国家消极义务的“防御权功能”是其核心功能，当国家侵犯公民的基本权利时，个人可以依据《宪法》的规定请求国家停止侵害。在这一过程中，防御权功能希望国家在公民基本权利的保障中发挥消极作用，要求掌握国家公权力的行政机关避免对公民人身、财产权利的侵害，以维护其合法权益，减少国家随意干涉的空间。除“防御权功能”外，基本权利在一定条件下还具有直接请求国家积极“作为”以使个人享有某种利益的“受益权功能”，这是基本权利的重要内容，也是我们了解“主观权利”下的基本权利不可避免的概念因素。但学理上对于这一问题是充满争议的。一般认为，由于我国《宪法》对于基本权利的规定过于抽象，对于国家给付的种类、范围、条件等没有明确具

---

① 参见张翔：《基本权利的受益功能与国家的给付义务——从基本权利分析框架的革新开始》，载《中国法学》2006 年第 1 期。

体的规定，因而个人并不能直接依据《宪法》的规定请求国家提供一定的给付。只有在《宪法》对于给付内容进行了明确的规定后，个人才能依据《宪法》请求国家给付积极的“作为”。受益权功能肯定了国家积极作为的举措，它要求国家为保障基本权利的实现积极提供一定的给付，如配件设施、免费教育服务等，同时，提出国家立法机关制定明确的法律法规以规范行政机关的权力，明确其给付具体内容。

总体来讲，“主观权利”下基本权利更加注重公民个人的意愿，发挥个人的主观意愿，在个人基本权利实现过程中，要求国家对公民的基本权利给予尊重、满足对其基本权利的请求权和减少国家公权力的恣意干涉。

2.“客观法”下的基本权利

基本权利作为“客观法”主要指：基本权利除是个人的权利外，还包括基本法所确立的“价值秩序”，这一秩序构成立法机关建构国家各种制度的原则，也构成行政权和司法权在执行和解释法律时的上位指导原则。①　一方面，基本权利作为“客观法”，其主要包括客观价值秩序功能，这要求国家对于公民的基本权利不仅负有消极的不干预、不侵犯义务，同时也负有积极的保护义务。客观价值秩序理论提出，国家干预并不能完全保障基本权利的实现，还必须提供一些实质性条件来进行补充，这些条件都是有待国家供给的。另一方面，基本权利和国家公权力是密不可分的，主要体现在：国家通过法律法规对公民的基本权利进行了一系列的规定，这是我们权利的主要来源，相应地，基本权利也对国家立法、执法等权力产生直接影响，任何公权力都应该受到“客观价值秩序”的约束。

在德国宪法的实践发展过程中，基本权利的“客观价值功能”被定格为制度保障体系。所谓制度保障体系就是要求国家建立某些制度，并确保该制度的实施，借以保障公民基本权利的实现，②主要划分为制度建立保障和制度实施保障两个方面。关于制度建立保障，我们可以从立法角度进行分析，基本权利的实现有赖于国家发挥积极作用，立法机关应制定一系列法律规章来建构和维护制

---

① 参见张翔：《基本权利的双重性质》，载《法学研究》2005 年第 3 期。

② 参见王广辉：《比较宪法学》，北京大学出版社 2007 年版，第 159 页。

度,从而保障基本权利的实现。① 另外,国家还要采取各种措施保障制度的执行和落实。制度性保障必然包括组织与程序等保障,基本权利必须依靠一定的组织和程序才能充分实现。在当今社会,个人的力量对于权利的维护是十分有限的,所以我们应该建立起各种组织机构为公民的权利提供"组织上"的保障;程序上的保障也十分重要,程序的合理与完善意味着我们可以在基本权利受到侵害时能够及时地得到司法等各方面的救济,从而保障公民基本权利的实现。

二、体育权利的双重效力

(一)作为主观权利的体育权

作为公民的基本权利之一,"主观权利"下的体育权同样具备防御权和受益权两个功能。针对这两个功能,我们可以从立法、行政、司法的角度分别进行分析。

首先,对于防御权来讲,2004 年"人权入宪"从侧面确立了基本权利的防御权,这一做法等同于承认了作为基本权利之一的体育权也具备防御权功能。体育权具备防御权功能,也就是要求国家禁止侵害公民的体育主张和权利,在这一过程中,国家应负有消极义务。同时,各个国家机关因权力和机构设置的不同,其所负有的消极义务也不同。针对这种情况,我们应该通过必要的立法规范来界定行政机关的权力,明确其对于公民体育权不能侵犯的义务和范围。

从立法方面来看,立法机关在基于公共利益对体育权进行限制的时候,应注意避免对其过度限制而造成侵害。在现实实践中,立法机关对体育权的侵害主要体现在:第一,立法体系不规范,各种法律法规的提出对地方指导造成了很大的限制,致使体育权的行使比较困难,并且立法结构有时缺乏科学性及合理性;第二,立法对于体育财政的规定有时候是缺乏公平性的,很容易造成地方分配不均或者对某一体育项目支出过大,从而造成其他项目的缓慢开展,这其实也是变相地对体育权的侵害,这些做法无疑都是立法对国家消极义务的违背。

从行政执法方面来看,由于行政权力的广泛性和特殊性,体育权利的防御

① 参见韩永红:《论我国宪法对体育运动保障之具体化》,载《法学评论》2013 年第 4 期。

权功能与行政机关的冲突是最为明显的。第一,除非基于法定事由,否则行政机关不得侵犯或者干涉公民的体育权,包括公民进行体育健身运动、接受体育的教育等。这就要求行政机关在对社会的治理过程中对公民的体育事务务必保持谦抑的态度,不要不当地阻碍公民实现其体育权利。第二,当需要依法限制公民的体育权时,行政机关应当严格遵循比例原则,包括合目的性、必要性。这主要体现在行政机关的执法过程中,当公民的体育运动与社会公共利益产生冲突时,应格外注意执法的尺度,在达成行政目的的同时,也要保障公民的体育权。主观权利下的体育权的防御功能要求国家机关减少干预程度,履行其消极义务,因此行政机关在公民行使权利的过程中要保持旁观的态度,避免对体育权利的干涉和控制。① 例如,对体育赛事减少行政干预,保证赛事的公平公正,不能因为行政要求而破坏公民正在进行的体育活动;对体育运动员不应利用官僚作风来阻碍其正常的训练,以上这些做法均属于对公民体育权利的侵犯。同时,行政机关在执法中也要注意对一些非正式群众体育活动尽量做到适当和比例原则,不能以侵犯体育权利为代价来完成所谓的行政指标。

对于司法机关而言,在公民遭到侵犯寻求司法救济时,司法机关要秉承司法的中立性和公正性,不偏不倚,不枉法裁判、滥用职权,以事实为根据,以法律为准绳,公正地进行审判。

其次,关于受益权功能方面。受益权功能在体育权中的作用也越来越重要,这一功能意味着公民有权就体育权利的保障请求国家提供一定的给付,国家负有积极的义务来保障公民体育权的实现。② 受益权功能虽然意味着公民有权就体育权请求国家予以一定给付,以促进、保障体育权的实现,但受益权功能不是绝对的,其应是在"一定条件""一定程度"下的请求。所谓"一定条件",即该请求对于体育权的实现或保障是必要的。同时,"一定程度"意味着受益不是无限的。对此,我们依然可以从立法、执法、司法的角度进行分析。就立法机关来讲,《宪法》对于基本权利以及体育权的规定都比较抽象,立法机关应将公民的体育权利具体化,规定其享有要求国家给付其基本体育公共服务的请求权。

---

① 参见肖永平、陈星儒:《我国〈体育法〉中政府职责与体育权利的错位与调适》,载《广西大学学报(哲学社会科学版)》2018 年第 4 期。

② 参见姜世波:《论体育权作为一种新型人权》,载《武汉体育学院学报》2018 年第 4 期。

从行政执法角度来看，行政机关执法应尽量避免对公民体育权的侵犯，应该通过给付行政或者服务行政的方式满足公民实现其权利的请求权，使其能够享受到国家应该提供的体育公共服务，保障公民体育权的实现。同时也应注意，受益权不是绝对主观的，其会受财政、自然条件、文化传统等客观因素的限制。如果公民向政府行政系统提出这种请求权，政府不作为或者不予给付，则公民可以向司法机关要求司法审查，要求司法机关保障其请求权的实现。

（二）作为客观法的体育权

作为客观法的体育权，是指能够直接约束国家权力行使的“客观的法”和“客观的规范”。相对于主观权利下的体育权所包含的防御权和受益权功能，作为客观法的体育权则主要是客观价值秩序功能。与“主观权利”中的防御权相比——防御权强调个人权利对于国家权力的规范，国家权力被动地不得侵犯公民的权利，客观价值秩序功能要求国家在对公民体育权进行保障的时候能够积极作为，除了不能随意干预公民自由外，还应该具备一定的“主动性”，采取各种必要的措施保障公民基本权利。这是因为体育权的实现固然要求对国家权力进行约束和限制，但其实现也离不开国家的积极作为。与受益权功能不同的是，客观价值秩序是“主动”的，并不一定是来自公民的请求。分析体育权的客观价值秩序功能可以从建立（包括立、改、废等）和执行制度（执法）[①]两个方面着手：

第一，从建立制度保障其实现进行分析研究。客观法下的制度性保障首先要求国家建立健全各种与公民体育权利实现的相关制度。例如，国务院于 2009 年 10 月 1 日颁布施行的《全民健身条例》，条例中对全民健身计划、全民健身活动、全民健身保障以及各行政部门的法律责任进行了明确规定。这一条例的颁布实施为广大群众参与全民健身运动的合法权益提供了坚实的法律和制度保障。再如，河南省近年所颁布的《河南省全民健身实施计划（2016－2020 年）》

① 基本权利的客观法效力要求国家必须积极主动地保障公民基本权利的实现。按照分权理论，国家权力由立法、执法、司法三部分组成，立法与执法都可以为实现公民权利主动采取措施，而司法的特点则是被动性，它无法积极主动地去保护公民的权利，自启动开始的整个运行过程中只能根据当事人的申请，包括申请行为和申请内容进行裁判，如果主动出面，就有越权之嫌，与积极主动实现公民权利的立法与执法有着重要区别。基本权利的客观法效力只能指向立法与执法，而不能延及司法。

也对公民的体育健身进行了明确规定,该计划涉及体育场馆及配套设施建设、体育理念宣传、体育活动开展等各个方面。这些条例和计划为公民体育权利提供了一定的制度保障,对推动我国体育事业发展意义非凡。① 又如,我国建立的保障公共体育设施建设的制度体系,如公共体育设施对外开放制度、资金保障、社会捐赠、税收优惠、政府购买体育公共服务等,这些制度保障了我国现有公共体育服务资源的充分利用,同时保障了公共体育设施的持续供给。

第二,制度执行的保障。国家立法机关以及政府机关制定相应的法律法规政策来将宪法上抽象的体育权具体化,使执法能够做到有法可依、严格执法。但仅有制度的建立还不够,还需要国家给予组织、程序、宣传和考核的保障。对于组织性保障,为了更好地保障公民的体育权,建构起相应的体育管理组织是十分有必要的,我国于 1998 年成立了国家体育总局,各地方政府也都设立了体育局。体育局的重要职责就是负责推行全民健身计划,监督实施国家体育锻炼标准,指导公共体育设施的建设,对公共体育设施进行监督管理,同时,对执法人员进行执法培训,提高执法人员的法律素质和执法能力。而对于程序性保障来说,就需要建立健全与体育相关的各类程序。譬如体育扶贫项目审批,项目的评审要公开进行,经过村民大会民主选择,公示无异议后再报有审批权的政府审批,决策机关实地调查并举行听证会听取被帮扶人的意见和建议,做出决定后,利害关系人提出异议时有向其说明理由的义务。加强普法宣传教育,提高公民的体育权利意识,吸引更多群众参与到全民健身中来,群众体育权利意识的提高会给政府依法实施服务行政增加压力,从而督促政府履行其给付体育公共服务的义务。对政府执行制度的结果要考核评估,因为政府的给付行政是否依法履行直接关系到提供公共服务供给的质量和效率,关系到是否实现了公民的体育权利。对于考核结果不合格者,需要启动问责机制。问责机制不但可以遏制公权力的滥用,而且可以提高政府给付行政的工作效能。同时,对考核结果优秀者启动奖励机制,提高行政机关实施服务行政的动力。

综上所述,我们可以看到,作为客观法的体育权与主观权利的体育权不同。主观权利的体育权要求限制和约束国家公权力的恣意行使,避免国家公权力对

---

① 参见朱孔洋、高升:《全民健身战略背景下公民体育权利实现困境与对策》,载《体育文化导刊》2018 年第 9 期。

体育权的侵害和过多的干预行为，但作为客观法的体育权要求国家能够积极行为，发挥国家在公民体育权利保障中的积极作用，建立健全公民体育权利的制度体系并保障这些制度的有效执行，即实现公民体育权利的制度保障。但需要注意的是，主观权利的体育权的效力是通过其享有的请求权得到保障的，如在国家（无论是立法权还是执法权）侵犯了其体育权利时，公民需要通过违宪审查机制诉请法院排除公权力的侵害，法院通过行使违宪审查权保护公民的基本权利。主观权利之所以具有“主观属性”，就在于公民有请求司法审查的权利。[①] 我国目前未建立类似的审查机制，宪法上的基本权利并没有直接效力，这也就意味着谈论主观权利的体育权并无较大的实践意义。而作为客观法的体育权的基本逻辑是国家负有促进、帮助、保护其实现的义务，这与我国的国情是非常吻合的。我国是社会主义国家，特别强调国家在发展体育事业、实现公民体育权利中的主导、积极和正面的作用，是有效保障公民个人体育权利实现的主要力量，《体育法》与《全民健身条例》都十分突出国家在体育事业中的主导作用。所以，探讨客观法体育权的效力不仅具有理论意义，而且具有很强的实践意义。下文将着重探讨体育权客观法效力在我国的主要成就和面临的主要问题。

三、体育权客观法效力在我国的主要成效与面临的主要问题

（一）落实体育权客观法效力即制度保障取得的主要成效

我国《宪法》将公民体育权利作为一项基本权利，其具有要求国家通过立法给予保障的效力。立法机关、国务院以及各省级相关部门针对公民体育保障和救济制定了相应的条例和纲要计划，对体育权利、体育教育培训、体育法律责任和约束公权力等方面做了明确的规定。事实上，为保障公民的体育权利、推动体育事业的发展，我国相继出台了许多与体育权相关的法律法规及政策。例如，从 1990 年至 2017 年，我国颁布实施的与公民体育权利有关的法律法规如下：全国人大常委会颁布实施了 1 部法律即《体育法》；国务院颁布实施了 7 部行政法规，都现行有效，分别是《学校体育工作条例》、《公共文化体育设施条

① 参见张翔：《基本权利的双重性质》，载《法学研究》2005 年第 3 期。

例》和《全民健身条例》等[①]。

随着社会的不断发展,我国对于公民人身健康的关注度也变得越来越高,而与公民人身健康紧密相关的体育权利相应地也成为我们国家重点关注和支持的领域之一。结合前述分析可以得知,体育权利作为《宪法》规定的基本权利,越来越受到国家和公民的重视,各种体育规定对体育权利表现出了相应的尊重,并给予一定程度的保障。自 1995 年《体育法》颁布以来,我国已经形成了以《体育法》为“基本法”,以《全民健身条例》《公共文化体育设施条例》等体育行政法规为主干,以保障全民健身发展为主要内容的地方性法规和地方政府规章[②]以及国务院、国家体育总局和国家部委单独制定或者联合制定的大量以全民健身或者规范体育公共服务为主要内容的法规和部委规章为枝叶的法规体系,基本实现了对全民健身和体育公共服务领域的全覆盖,为我国民生体育的发展和公民体育权利的实现奠定了较好的制度基础。可以这么说,我国已经初步建立起保障公民体育权利实现的制度体系。

在政策法规的执行方面,以保障全民健身的顺利推进和公民体育权利的实现为目的,我国先后四次实施全民健身计划,即《全民健身计划纲要(1995 - 2010 年)》《全民健身计划(2011 - 2015 年)》《全民健身计划(2016 - 2020 年)》《全民健身计划(2021 - 2025 年)》,这些健身计划是国家在宏观层面执行和落实《体育法》和《全民健身条例》关于全民健身的有关规定,大大促进了我国全民健身事业的发展和公民体育权利的有效实现,全民健身事业在我国全面持续地开展就是明证。虽然在政策法规执行的具体层面取得的成绩不如政策法规的制定那样明显,但也有比较大的进步,主要体现在我国一些地方的行政执法上,如我国的苏南地区形成了体育公共服务重大事项要依法决策,像大规模的体育设施的拆除或者改变其用途都要进行合法性的审查,不能仅凭领导个人拍板做决策,重大决策必须是依法决策,对于违反法律规定做出的决策要严格追究相关人员的责任;加强体育行政执法队伍建设,加大行政执法培训的力度,提高执法人员的法律素质和执法能力,严格管理;定期开展对体育公共服务政策

---

① 《现行有效的体育法律、法规、规章规范性文件和制度性文件目录》(截至 2021 年 12 月 31 日),载国家体育总局网 2022 年 1 月 20 日,https://www.sport.gov.cn/n315/n20001395/c23920908/content.html。

② 如各省份制定的《全民健身条例》《体育设施条例》《〈体育法〉施行办法》等。

法规的实施情况的检查,并建立相应的行政问责机制,追究有关部门和人员在履行体育公共服务职能方面失职的责任;体育、教育和财政部门联动执法,落实《全民健身条例》和《公共文化体育设施》中的学校体育设施对外开放的规定,推动学校体育场馆向社会开放;体育部门和农业部门联动,在幸福村庄建设中实行体育设施的一票否决制度等。[①] 可以说,国家在公民体育权利的政策法规执行方面取得了较大成绩。

(二)落实体育权客观法效力即制度保障面临的主要问题

虽然当前的体育政策法规对尊重公民体育权和规范体育行政权力等方面有积极的推动作用,但这并没有完全落实体育权的客观法效力,国家对公民体育权利实现的积极作为还不够,即客观法意义上的体育权利的落实还很不够。据国家统计局的统计显示,截至2022年年底,全国共有体育场地422.7万个,体育场地面积37.0亿平方米,人均体育场地面积2.62平方米。[②] 而美、日等发达国家平均每万人拥有体育场地200多个,是我国的多倍。[③] 而美国的人均体育场地面积为16平方米,日本为19平方米。[④] 我国人均体育场地面积不足美国人均体育场地面积的1/6,不足日本人均体育场地面积的1/7。国内的体育公共服务资源的供给也存在很大城乡差异、区域差异。如有学者在研究中表明城镇居民人均拥有体育场地面积为1.83平方米,农村居民为0.97平方米,前者是后者的两倍;我国东部、中部、西部的体育场地服务情况比例为1.49∶1∶0.66。[⑤] 我国公民体育权利实现得不充分、不均等这是不争的事实,而公民体育权利实现得不充分、不均等除了我国财政实力有限、经济社会发展不平衡的基本原因外,国家提供的立法、执法,即制度保障不到位也是非常重要的原因。[⑥] 而制度

---

① 参见王宏俊等:《我国公共体育服务体系研究》,苏州大学出版社2016年版,第108~110页。

② 参见2023年2月28日国家统计局公布的《2022年国民经济和社会发展统计公报》。

③ 参见汪全胜、黄兰松:《论公共体育设施的供给及制度保障》,载《武汉体育学院学报》2015年第9期。

④ 参见张焱:《破解人均不足1.6平方米的全民健身场馆之困》,载《光明日报》2018年6月5日,第2版。

⑤ 参见赵广涛:《新发展理念下城乡体育公共服务均等化价值与策略》,载《体育文化导刊》2022年第2期。

⑥ 参见李俊明、常乃军:《我国公民体育权利法规建设研究》,载《体育文化导刊》2010年第1期。

保障不到位具体体现在以下四个方面：政策法规是否健全、政策法规执行是否到位、政策法规制定是否尊重民意、财政投入政策是否均衡。制度的制定和实施是国家落实体育权利客观法效力的应有之义，而政策法规制定是否尊重民意和财政投入政策是否均衡主要是基于体育权利在法律性质上属于宪法权利并且属于宪法权利体系中受益权的范畴。体育权利作为我国《宪法》上的一项基本权利，每个公民都应该平等享有体育公共服务资源，即体育公共服务均等化。这种平等指的是资格平等和机会平等，对待残疾人、老年人等特殊人群应该差别对待，做到实质平等。权利的平等性要求国家在财政投入上要做到均衡，如此才有利于公民体育权利的平等实现，而国家的财政政策要保障这种财政投入的均衡性。另外，体育权利属于《宪法》上的受益权，受益权的实现是通过政府系统的服务行政实现的，而服务行政的基本要求是其给付的体育公共服务尽量符合公民的意愿。我国地域广阔，跨越多个气候带；民族众多，各地区的文化习俗差异较大，因此，对体育公共服务的形式需求不同，只有因地制宜地提供体育公共服务才能符合群众的满意度。服务行政是依照包括立法在内的各种制度展开的，这就要求政策法规在制定过程中要注重公民的参与，让规范体育公共服务的立法能够尊重民意，以实现公民的体育权利。严格意义上讲，政策法规是否尊重民意、财政投入政策是否均衡应该属于政策法规是否健全的范畴，但为了凸显这两方面问题的重要性给予并列讨论。这四个方面存在的问题应该是国家落实体育权客观法效力即制度保障面临的主要问题。

1. 保障公民体育权利实现的制度不健全

(1) 政策法规位阶偏低

我国现行的法律法规体系在保障公民体育权益方面还存在很大的缺陷，其中，政策法规的权威性缺失表现得最为突出。据统计，自1990年至2021年，我国现行有效的法律法规共有39件，但是法律仅有1件，其中国务院制定的现行有效的行政法规有7件，国家体育总局单独或者联合其他部门制定的部门规章有31件，中央与国务院颁布的文件有26件，部委规范性文件有165件[①]（见表2-1）。

---

① 数据来源：《现行有效的体育法律、法规、规章、规范性文件和制度性文件目录（截至2021年12月31日）》，载国家体育总局网2022年1月20日，https://www.sport.gov.cn/n315/n20001395/c23920908/content.html。

我们从我国公共体育的法律法规的分布可以看出,高位阶的法律法规是较少的,我国公民体育权益的保障制度主要靠低位阶的部门规章和政策调整,这也就造成了我国公共体育权利保障的政策法规权威性不够,施行起来取得的效果也就不明显。

表 2-1 现行有效的全国性保障公民体育权利实现的体育政策法规文件

制定部门	类型	数量/件	占总数比重/%
全国人大常委会	法律	1	0.43
国务院	行政法规	7	0.30
中共中央	中央政策	26	1.13
国家体育总局等	部门规章	31	1.35
国家体育总局单独或联合制定	部门规范性文件	165	71.7

在我国,具有较强法律效力的法律法规为全国人民大会制定的法律以及国务院制定的行政法规,而部门规章并不具有较强的法律效力,强制执行力较弱,它们通常只具有引导的作用,对部门的履行能力、履行责任未作出要求。同时,由于部门规章不具有较强的法律效力,它在全国工作的开展依靠它们的直属部门的配合,这种配合也不具有强制要求,就使得其效力在全国系统的全覆盖难以达成。以具有全国效力的公民体育权利保障的法律法规 8 件为基数,我国既有较强法律效力的文件只占到 3.48%,其余的则是具有较弱法律效力的部门规章。

(2)政策法规系统性差

从整体的角度上看,政策法规是作为系统而存在的,任何政策法规的存在都不是孤立的,都存在相配套的措施形成完整的系统和结构。一个完备的政策法规系统既包含政策法规自身的问题,也包含其网络结构的平衡性问题。从其系统的整体性来看,一个完整的政策法规系统应当包含主体与客体,同时也应当考虑该政策法规实施的内容及其环境的构成。另外,从其结构上来看,政策的纵向和横向两方面结构都应当被考虑到。政策系统内部要素要相互衔接、相互配合,使政策的内容发挥到实处。例如,德国于 2000 年 12 月颁布的《德国体育指南》,对德国体育运动的组织、宗旨、原则、成员资格、机构及其各自的职权范围、体育各种活动的基本程序等作了明确规定,它是德国体联制定的关于德国体育的最高规范性文件,对德国大众体育事业的联动发展起到了关键作用。

我国公民体育权利的实现在现行政策法规下仍存在诸多不足,在其系统性问题上,主体和内容方面的问题尤为凸显。现行法律法规多反映制定者的主体意识,对于社会各方面的意愿表达还不能兼顾到位。例如,学校建设的体育场向社会开放一方面存在执行不到位的问题,另一方面并没有直接考虑学校对于学校本身及学生的管理、学生自身权益保障等与场地开放政策之间所存在的矛盾和冲突。这种矛盾的解决主要依靠现行的法律法规来解决,但对于实际生活中发生的大量的此类侵权行为,法律法规并不能完全囊括。

保障公民体育权利实现的政策法规的明显的缺点还在于内容结构不协调,虽然政府保障公民的各项权利,以《宪法》作为服务人民的根本大法,但是,不难看出,在保障公民体育权利实现的制度体系中,没有专门可供依据的法律存在。而国务院可供参考的行政法规也比较少,同时,国家体育总局制定的多项规章政策在实施起来时也很明显地凸显出结构不平衡的问题。甚至还有人提出,我国几乎没有公民体育公共服务的法律法规,现有的法律中能找到的关于政府应当提供公共体育服务的法律依据主要源于《宪法》第 21 条,正式文件中提到公民体育公共服务体系的只有国家体育总局的《体育事业发展“十二五”规划》。

(3)立法本身存在缺陷

在依法治国的时代背景下,立法在保障公民体育权利的制度体系中发挥主导作用,但保障公民体育权利的立法普遍存在一些缺陷和不足,无法为公民体育权利的实现提供必要的法治保障。这些缺陷表现在以下几个方面:

第一,立法的价值导向重管理。

当前的公共体育服务立法体系存在“重管理,轻服务”“重义务,轻权利”的立法偏向,当前的公共体育服务立法对公民体育权利的保障严重不足。不少立法中“管理”一词多次出现,管理性规定成为公共体育服务立法的主体性条款,具有浓厚的行政管理色彩,体育管理秩序和效力成为体育立法的关注重点,并且从全民健身发展的目的上看,也多以国家利益至上为立法目的,缺乏对公民个人身心全面发展的关怀。其重点体现的是国家利益至上和集体利益至上,没有表现对公民个人权利的充分尊重,人的发展是手段不是目的。应该说,现行的公共体育服务立法体系已经不能适应我国体育事业发展的需求和保障人权的时代要求。①

第二,立法的规范性较弱。

规范性较弱主要体现在法律责任机制的薄弱上。虽然保障公民体育权利的立法中规定了不少强制性义务规范,但缺乏足够的法律责任设置,致使这种义务性规范的约束力得不到保障,故体育立法被不少学者归为柔性法律。如2022年修正的《体育法》第87条第3款规定:"经批准拆除公共体育场地设施或者改变其功能、用途的,应当依照国家有关法律、行政法规的规定先行择地重建。"但却没有对于违反此规定的相应法律责任。《公共文化体育设施条例》第27条规定,经批准拆除公共文化体育设施或者改变其功能、用途的,应当依法择地重建,但该条例没有规定没有择地重建的违法行为的法律责任。《全民健身条例》第26条规定,县级以上人民政府应当将全民健身工作所需经费列入本级财政预算,并随着国民经济的发展逐步增加对全民健身的投入,但对于地方政府没有将全民健身事业纳入经济社会发展规划和预算的,没有规定相应的法律责任。健全的法律责任机制是促使政府履行义务、实现公民体育权利的保障,故需要对责任主体、责任方式、追责机制明确规定,以保障义务性规定的落实。

第三,中央政策性文件覆盖面不够全。

有些重要的保障公民体育权利实现的制度尚没有法治化。如我国目前关于政府购买体育公共服务的制度基本靠一些政策性文件给予规范,2012年,国家发改委和国家体育总局联合发布的《关于印发"十二五"公共体育设施建设规划的通知》中明确了政府购买体育公共服务的基本原则;2014年,国务院办公厅发布的《关于加快发展体育产业促进体育消费的若干意见》进一步要求政府通过购买体育公共服务发展社会体育、保障公民体育权利的实现。但对于政府购买体育公共服务的职责、公共服务标准、评估制度等都缺少立法的规定。目前,公共体育设施资源的短缺是制约我国公民体育权利实现的重要原因,为此,国家在扩大投入、提高增量的同时,努力盘活存量,要求属于企业、事业等单位的体育设施资源在满足自我需求的情况时,对外开放,提高现有公共体育设施资源的利用率,以解决公共体育设施的供给不足。其中,教育系统目前占全国体育场地数量的38.98%,场地面积占全国场地总面积的53.01%,体育设施资源

① 参见于善旭、李先燕:《论修改〈体育法〉的目的、原则与取向》,载《体育学刊》2017年第5期。

主要集中在大学、中学、小学等教育系统中,[①]这些设施如能对外开放,将大大扩容公共体育设施的数量,在一定程度上满足广大群众体育健身的需要。对此,我国《全民健身条例》和《公共文化体育设施条例》中均提出了学校体育设施要对社会开放的要求,北京、广州、南京各地也都出台了政策性文件以保障该制度顺利、有效地进行。各地的试点和政策实践已经为出台相应的统一立法奠定了基础,[②]但目前类似于学校体育设施社会开放实施办法这样的立法文件始终没有出台。政策性文件相比立法文件而言,规范性不够,缺乏足够的约束力,影响执行效力。另外,体育产业化、政府提供体育公共服务的绩效评估、非营利体育社会团体的培育、鼓励机制、学校体育设施对外公开办法等,在立法中基本上都是缺失的。

第四,下位法对上位法的重复立法。

我国保障公民体育权利的公共服务立法存在较为严重的重复现象。一是下位法对上位法的重复。按照《立法法》的一般要求,下位法承担着细化、具体化上位法的职能,但在体育立法中,下位法对上位法的规定仅是简单地重申而没有进行任何细化。如《体育法》第40条关于体育事业经费应纳入各级地方政府预算的规定,在《全民健身条例》和作为地方性法规的各地健身条例中仅是简单地重申;《公共文化体育设施条例》第21条关于公共文化体育设施开放的规定委托各地制定具体办法,但各地的立法内容只是和上位法的规定在文字上有一些微小变化而已,小法抄大法中的不少都是"三世同堂",甚至是"四世同堂"。二是地方立法之间的模仿和抄袭比较严重。有学者实证考察了我国各地颁布实施的1028件地方体育公共服务的立法性文件,发现地方立法之间模仿和抄袭非常普遍。[③]地方立法没有明显体现出以问题为导向,没有针对本区域的体育公共服务问题作出相应的制度设计,而只是呈现了地方立法的"改革竞争"。[④]重复立法和抄袭立法浪费了立法资源,降低了立法质量,损害了法律的

① 参见汪全胜、黄兰松:《论公共体育设施的供给及制度保障》,载《武汉体育学院学报》2015年第9期。

② 参见徐鸿鹏:《关于学校体育设施对外开放的立法研究》,载《南京体育学院学报(社会科学版)》2008年第1期。

③ 参见张健:《中国地方体育立法现状与发展前景》,载《体育科学》2016年第11期。

④ 参见王亚新:《程序·制度·组织——基层法院日常的程序运作与治理结构转型》,载《中国社会科学》2004年第3期。

尊严。

第五,立法的协调性差。

首先,《体育法》与其他部门法律规范之间存在冲突。如《体育法》第 46 条规定,国家对优秀运动员在升学或者就业方面给予优待;《教育法》第 37 条规定,受教育者在入学、升学、就业方面依法享有平等的权利。二者都是全国人大常委会制定的法律,效力上是平等的,需要立法机关在《教育法》中通过准用性规范给予明确,其他法律有特别规定的依照别的法律规定。同样地,关于税收优惠的规定,《体育法》和《企业所得税法》、《公益事业捐赠法》也存在不一致的地方,需要给予协调处理。其次,对《体育法》中规定的法律责任与其他部门法律规定的法律责任需要给予衔接。如《体育法》规定侵权民事责任与我国《民法典》中规定的侵权责任就存在特殊性和一般性的问题,不能完全按照《民法典》的规定承担侵权责任,像体育比赛中正常的身体冲撞操场的人身伤害责任和娱乐性体育活动中的意外伤害,就应该充分考虑体育活动的特点,遵守自甘风险的原则,合理设置符合体育运动特点的侵权民事责任。最后,上位法与下位法的不协调。一是下位法空白套配的问题。如《公共文化体育设施条例》第 33 条规定:国家机关、学校等单位内部的体育设施向社会开放的,由国务院体育行政主管部门会同有关部门制定管理办法。但至今相关配套的管理办法难以看到。二是下位法与上位法的规定明显不一致。如 2022 年《体育法》中关于体育场地设施使用和保护方面,规定了严格的法律责任,《体育法》第 115 条规定:“违反本法规定,未经批准临时占用公共体育场地设施的,由县级以上地方人民政府体育行政部门会同有关部门责令限期改正;逾期未改正的,对公共体育场地设施管理单位处十万元以上五十万元以下的罚款;有违法所得的,没收违法所得。”在《公共文化体育设施条例》中也有相应的规定。《公共文化体育设施条例》第 31 条规定:“公共文化体育设施管理单位,有下列行为之一的,由文化行政主管部门、体育行政主管部门依据各自职责责令限期改正,没收违法所得,违法所得 5000 元以上的,并处违法所得 2 倍以上 5 倍以下的罚款;没有违法所得或者违法所得 5000 元以下的,可以处 1 万元以下的罚款;对负有责任的主管人员和其他直接责任人员,依法给予行政处分:(一)开展与公共文化体育设施功能、用途不相适应的服务活动的;(二)违反本条例规定出租公共文化体育设施的。”对比二者的规定,可以发现,《体育法》中规定的执法权由体育行政部门会同有关部门共同行使，而《公共文化体育设施条例》中的执法权限为文化行政主管部门、体育行政主管部门依据各自职责进行执法，各司其职。对于执法主体的规定二者之间存在明显不同。

2. 保障公民体育权利实现的制度执行不到位

政策法规执行是实现政策目标的唯一手段，是把决策付诸现实的唯一途径，因此，它在整个决策运行过程中发挥着重要作用。“在实现政策目标的过程中，方案功能的确定只占10%，而其余90%取决于有效的执行”，如果没有有效的政策法规的执行，政策法规方案就不能取得预期的效果，政策法规的制定也就失去了它存在的意义。因此，政策法规的高效率执行关系到公民权利是否能得到保障和政策法规施行是否能够实现其制定的初衷和目的。但不可否认的是，在我国体育政策法规的施行过程中仍然存在诸多问题，例如执行难、执行不到位、执行有偏差等。尤其是在体育权利保障方面，法律法规少之甚少，这对于公民权利的保障造成了一定的困难。故，对于政策法规的有效施行是公民权利能否实际实现的一个关键点。执行不到位的表现方式主要有三种。

(1)选择性执行

选择性执行是执行中出现的重要障碍，它的出现主要源于强权的控制、行政机关的上行下效。选择性执行下，地方行政机关对决策机关作出的决策并非全面地执行，而是选择对自己有利的、容易执行的内容予以执行，而对自己不利、执行难度大的行政决策事项往往置之不理，从而使行政决策成为一纸空文，使行政行为成为强权的一种手段。在《全民健身计划(2021－2025年)》中，从八个方面列举了全民健身工作的主要任务：一是加大全民健身场地设施供给，二是广泛开展全民健身赛事活动，三是提升科学健身指导服务水平，四是激发体育社会组织活力，五是促进重点人群健身工作开展，六是推动体育产业持续健康发展，七是推进全民健身融合发展，八是营造全民健身社会氛围。对于如何实现这些任务《全民健身计划(2021－2025年)》分别提出了具体的措施，有些措施由于有明确的量化指标，对于执行主体具有明显的刚性约束，但有些措施则相对比较抽象和概括，缺乏显性约束。如在推进全民健身融合发展的保障措施中提出推进体卫融合理论、科技和实践创新，推广常见慢性病运动干预项目和方法，这种保障措施就显得过于原则化、抽象化，执行主体就容易忽视这些目标任务或者投机取巧，造成执行不全面的问题。

贯彻执行中也存在选择性，体育公共设施建设过程中，已修建大型体育健身场馆多，在社区街道修建的锻炼场地少；举办体育活动的特征多为运动式，很少举办持续性的活动；组织培养培训社会体育指导员的活动多，而很少组织为群众提供健身指导的活动等挑肥拣瘦的行为来消极执行上级政策的现象不可避免地存在。根据2017年国家体育总局和教育部发布的《关于推进学校体育场馆向社会开放的实施意见》要求全国学校的体育场馆要陆续按计划向社会公众开放，但是很多试点地区的学校为了应付差事，通过选择性执行措施执行这一政策。例如，某地市教育局在执行这一要求时，要求公众在学校场馆组织团体活动必须预约，否则不开放场馆，至于如何向个人开放却没有明确规定。此外，相当一部分作为试点的学校都宣称学校近期要举行的体育活动比较多，没有空余时间、空余场地可以对外开放，对群众的申请加以拒绝，然而实际情况却只是学校的一种借口，往往学校并没有举行体育活动，体育场地是闲置的。① 毫不客气地说，执行政策法规的机关投机取巧，利用选择性执行的方式去执行上级政策法规，难以保证公民体育权利相关政策法规的实施。

(2)替代性执行

替代性执行方式是对政策法规目标实现的极大阻碍，主要特点是为了追求最大的自身利益，政策法规执行主体把与其自身利益不一致的内容替换掉，制订出的实施方案虽然看起来与上级政策法规在形式上是一致的，但实际上与上级政策法规追求的目标是有差距的。这种变通地执行并不是根据实际需求做出的，而是对上级政策法规的无良篡改，使政策法规的制定成为一纸空文。譬如说，中央和国务院联合出台的《关于进一步加强和改进新时期体育工作的意见》中要求地方各级政府要努力为群众建好生活周围的体育活动场地，为群众参加体育活动提供更便利的条件，从条文中可以知道，广大普通群众是此项政策的目标群体，修建好就在群众身边的各种体育活动场所是该项政策的目标。在此政策之下，许多地方政府打着认真贯彻国家政策的旗号，申报项目、申请资金。其形式上是积极为发展国家全民健身事业做出努力，然而老百姓并没有能从这样的大型场馆中享受到本该享有的各种福利，这些部门总是借口主管单位

---

① 参见栾姗：《试点已半年，校门多紧闭——学校体育场地对外开放有点难》，载《河南日报》2012年4月23日，第5版。

需要用场馆来对外承办体育赛事以增加收入,[1]不允许社会公众使用,更有之,有些地方以高昂的使用费作为门票向公众进行索取。[2]《中国青年报》曾主持过一项相关的社会调查,其结果表明,将近八成的调查对象认为公共体育场馆在自己的生活中十分缺乏;九成的调查对象表示想要进入一些公共体育场馆进行锻炼需要支付很高的费用,其中一半的对象认为这笔支出非常昂贵。90%的调查对象懊恼公共体育场馆过高的门票费使自己想要运动的愿望变得心有余而力不足。[3] 这种现象是怎么出现的呢?究其原因,其是下级行政机关上行下效的结果,他们在执行上级政策的过程中,没有与上级政策相切合,没有很好地履行自己的义务。再如,《社会体育指导员管理办法》是国家体育总局于2011年出台的一部部门规章,社会中一些组织和个人在体育指导员工作中兢兢业业,做出突出贡献,为了表示鼓励和支持,这一文件规定国家应对符合规定的组织和个人颁发奖章。现实却是在这一政策被执行的过程中,普通群众勤勤恳恳地完成各种具体指导工作,而相关行政人员没有实际具体工作就被评审上报为优秀社会体育指导员,由他们享有这项荣誉,这种李代桃僵式的评选必然会对志愿者的积极性造成沉重的打击。[4] 前文的例子可以说是非常典型的替代性执行的反面教材,不同表现形式、不同替代程度的替代性执行方式在保障公民体育权利实现政策的其他方面也被广泛、活跃地使用着。可以说,用替代性执行方式来完成上级的政策任务无疑已经成为执行公民体育权利实现政策法规过程当中的一项疑难杂症。

(3)象征性执行

"维护政策的权威性和严肃性是政策执行的最高准则",[5]然而在执行政策法规的一系列过程中,部分机关单位及其工作人员总是乐于搞些形式主义,马

---

① 参见刘秋燕、范春晶:《中国群众体育政策执行偏差的表现及原因分析》,载《经济研究导刊》2013年第15期。

② 参见刘玉、隋红、田雨普:《转型期我国社会体育政策执行偏差的主体因素研究》,载《山东体育学院学报》2010年第2期。

③ 参见邢赫男、向楠:《场馆收费高,89.0%受访者抱怨运动不起》,载《中国青年报》2012年5月31日,第7版。

④ 参见张瑞林、王晓芳、王先亮:《我国全民健身公共政策执行阻滞分析》,载《上海体育学院学报》2013年第4期。

⑤ 参见陈振明主编:《政策科学:公共政策分析导论》,中国人民大学出版社2003年版,第276页。

马虎虎敷衍了事,没有切实的行动方案和措施,使政策法规的执行很难落到实处。甚至还存在一些对政策法规拒不执行的现象,这就使得上级制定的政策法规只是象征意义上存在,并不能实现其约定的目标,法律的权威性也受到了挑战。众所周知,青少年的体质下降是一个引起社会广泛讨论的热门话题,尽管有多方面的原因会影响到青少年的体质健康,但无论是政府主管部门还是社会舆论,都一致认为青少年体质健康受到体育课和课外体育活动的重要影响。为此,保障学生开展体育课外活动是保障学生提高体质的有效方式,各学校也积极响应国家制定的有关学生运动的政策。《学校体育工作条例》中规定,如果学校的体育课没有按照国家相关规定开设或者学校随意取消体育课的,又或者学生每天在校的体育活动时间不能满足一个小时要求的,相关直接责任人员需要承担相应的责任。此外,中共中央和国务院颁布的《关于加强青少年体育增强青少年体质的意见》要求要把减轻学生的课业负担落到实处,给学生参加体育锻炼、强健体魄腾出足够的时间,至少每天要有一个小时的锻炼时间,学校要按照相关要求做好配套设施建设。《关于进一步加强学校体育工作若干意见的通知》中要求学校要严格保证中小学生在学校每天一个小时的体育活动时间得到满足,不得出现文化课挤占体育课的情形。虽然国家政策法规的制定是比较科学的,但是现实中,政策法规的执行状况却不尽如人意。2015 年课题组在广州市区的一所普通中学做了一项调查报告,结果发现 30% 的学生用于每天锻炼身体的时间只有不到 30 分钟,能做到每天锻炼 60 分钟的学生只有 20% 左右,这一结果与教育部要求的学生在校每天享有一个小时的体育活动时间相去甚远。《中国青年报》在 2010 年做过一项调查,只有不到八成的人同意"学习压力大,没有足够的体育锻炼时间"成为青少年体质下降首先要考虑的原因。根据教育部最新公布的数据可以发现,在我国,无论是大学还是中小学学校,都极其缺乏体育教师,远远不能满足国家对这一数量作出的规定。而体育教师数量缺口在中学表现得尤为明显,这是由于好多学校把升学率作为学校的第一任务,而对国家各项保障学生体育锻炼的政策法规采取消极对待的态度。因此,国家规定的各项政策法规在现实中很难得到落实,即使得到落实,其效果也难以让人满意。

3. 保障公民体育权利实现制度的制定轻民意

公共政策是解决社会矛盾、保障公民权益的有效途径,公共政策的制定离不开对民意的采集。以民意为出发点,可以了解民众对法律的诉求,了解民众的现实状况,制定更加切实有效的公共政策体系,保障公民体育权益的更好实现。但是,在现实生活中,不可避免地存在保障公民体育权利实现的政策法规的制定过程中的轻民意、重集权的现象,这对于我国法治建设形成了一定的阻碍。法律在制定过程中如果不注重民意的表达,将会导致制定政策实施困难、民众不满等多种情况,致使公众对制定的政策不接受、不认同。因此,在保障公民体育权利实现的政策法规的制定过程中,民意是一项重要参考点,公共需求得到满足成为完善保障公民体育权利实现政策法规体系建设的关键点。

(1)政策法规议程的启动以上级政策意志为由

政策法规议程的启动以外提出模式和内提出模式为主要模式。外提出模式的含义,是指提出者将问题抛向大众。在该模式下,政策法规问题的提出者均来自社会团体或组织,在提出者将问题抛向大众之后,决策者将会受到公众影响,使民众的表达意愿更容易被列入决策者的考量因素中。在此种模式下,决策者将会更大限度地将民众意见作为重要参考因素,将民意作为政策法规制定的重要来源,这显然与我国依法治国的理念相符合。内提出模式下,政策法规问题的提出源于政府内部部门或执政党部门,问题的扩散对象也就有了特定的限制,由大众变成了社会组织或团体。故在决策过程中,民众的各方面意见将很难进入决策者的考量清单里,也就更无法直接进入政策法规制定的议程。

内提出模式是我国常见的行政决策方式,显然,在我国中央集权的国家体制下,内提出模式具有效益高、实行能力强的特点。然而,在全面建成小康社会的背景下,内提出模式显然不能满足各方面的要求,供需不平衡、针对性不强是现下体育资源供给最突出的问题。例如,课题组通过问卷调查的形式对广东省广州市的中心城区某社区的公民体育权和健康权的实施情况进行了调查,这是我国经济发达地区的社区,社区中配有体育健身设施。问卷调查中设有"您认为您所在的社区体育健身设施是否齐全?""您对您所在社区的体育设施感到满意吗?"等问题,在回收的103份问卷中,受访者中60.19%的人表示,其所居住的社区相应的体育配套设施不齐全,受访者表示非常满意的仅有少数的4.85%。在103名受访对象中,约70%的采访对象表示社区体育设施存在个别小隐患和多处危险。社区是公民日常生活的主要地方,社区体育设施的管理对公民体育权利的实现影响很大。社区体育设施存在的最大问题是无专人对其进行管理,其次则是体育设施不完善。而社区体育设施的管理一直以来都缺乏立法规范,这与我国体育政策法规制定过程中存在的轻民意的问题有关。再如,在相关部门出台的意见中有在农村建设一个配有篮球架的篮球场和两张乒乓球桌设施的规定,由此,地方各级政府对农村的体育设施建设都采取了这一标准。然而据调查,尽管地方政府都积极地对这一规定进行了有效落实,但体育设施的利用状况却不理想,其原因在于我国各地区的体育锻炼方式差异较大。例如,蒙古族人喜爱摔跤,陕西人民有滑沙运动,还有些地区热爱舞蹈,我国的地方习俗差异较大,因此需要因地制宜。内提出模式的提出方式仅代表少数人的意见,容易忽视不同利益主体的需求,对公众的利益诉求重视不够。

(2)政策法规方案的发布以先定案再沟通为序

目前我国公众参与政策法规制定的渠道主要有两种:一是通过选举人大代表的方式,由人大代表把公众的意愿传达给人民代表大会。二是决策机关通过座谈会、听证会等方式直接听取群众的建议和意见。这两种方式的区别在于民众是否主动行使权利,尤其是在座谈会的方式下,更能体现出民众的权利被尊重、建议和意见被听取、地位被认可。来信来访也是一种权利的表达,但是现实情况中,民众表达意见方式的众多化使得信访部门接受的信息量较大且繁杂,因此,对于公众意见的表达不可能做到面面俱到,有求必应。

但是,来信来访的民众参与只是一种形式上的民主,决策机关只有在制定了行政政策后才会向公众征求意见,并且公众意见被采集的概率是非常低的。由此,信访的方式存在许多不足:第一,征求意见方式单一,信息覆盖率较低。征求意见稿一般以网络形式发布,但以现在我国的网络普及情况来看,仍不能做到人人都能通过网络了解该征求意见稿。第二,征求到的意见并不具有普遍代表性。民众关心的领域更多限于生活、经济方面,限于征求信息覆盖面窄的情况,提出意见的主体具有固定性,往往表现为学者、专家及体育爱好者,但这些人提出的意见并不能代表公众多数意见,因为存在专业知识了解及知识差别。第三,征求意见稿是已经制定好的规范性文件。大多数民众对于某一方面立法是缺乏专业知识的,所以在规范性政策面前,大多数人选择观望而不会提出意见。因此就形成了一种形式上的民主征求意见方式,这种形势下的决策的制定并没有特别改观,仍然存在一定缺陷,也是对公众参与、民主决策不够重视的表现。

4. 保障公民体育权利实现的财政投入政策失衡

公共财政是政府为实现公共服务的重要支出来源，这一投入的配置是否合理将直接影响社会公共服务的实际享有是否公平。只有公共财政资源配置合理，公民才有可能均等地享受公共服务，实现这一目标是政府不可推脱的责任。现实中，我国地区发展不平衡、行业发展不平衡导致国家在投入公共财政资源时对不同地区存在差别，致使不同地区得到的公共财政支持并不均衡，间接导致社会弱势群体的基本权利无法得到应有的实现，社会对公平的追求受到阻碍。换句话说，如果能消除公共财政资源配置上存在的种种差别化待遇，公民体育权利的全社会公平均等实现就成为可能。无论是理论界还是决策制定部门，都应该对此加强重视。对待这一问题，日本、美国等国家通过财政均等化的方式来实现体育基本公共服务的均等化，《德国联邦财政基本法》为了确保每个州的财政平衡，严格规定了国家如何在州之间合理分配财政资源，并对分税制财政管理体制提出严格的要求，同时规定了具体实施分税制财政管理体制的可行路径。[①] 财政收入是保障公民体育权利实现的基础，因此要采取中央和地方相结合的方式来保障。中央应该对地方体育财政的投入有所差异，根据地方的经济状况，对经济落后的地区加大财政扶持的力度。长期以来，我国体育公共服务的财政投入政策存在明显的失衡，导致公民体育权利实现在较高程度上的非均等化。

(1)城市和乡村之间不公平的财政投入

改革开放以来，我国经济发展水平显著增长，同时我国的城乡差距也显著拉大，为了扶持乡村的经济建设，国家对农业的财政投入也越来越多。起初对农业的投入主要是为了缩小贫富的差距，对农民的基本生活状况进行补贴，因此对公共服务的财政投入较少，相应地，对农村公共体育服务的投入也就更少。而城镇地区由于经济的发展水平较高，其体育服务的意识相对于农村萌发得较早，城镇的财政收入也能够满足人们各方面的需求，城镇的体育公共服务的支出也就较高。有学者曾经对城乡公共体育服务发展情况进行过统计。2016 年，我国乡镇农民人均公共体育事业经费为 3. 78 元，明显落后于全国平均水平的

---

① 参见秦小平、黎文普：《城乡体育基本公共服务均等化》，北京体育大学出版社 2016 年版，第 71 页。

6.16元。[①] 由此可以看出,城乡之间在体育服务方面还是存在巨大差异的。其实,我国大部分省份的城乡体育公共服务投入都存在巨大的差异,经济发达的地区可能会好些,而经济较落后的地区一般把经济发展作为主要目标,在公共服务上面力所不及。也就是说,现如今,在我国的大部分地区,城市的体育经费投入是远远高于农村的。进一步来讲,由于城市地区的总经济增长远高于农村地区的总经济增长,相应地可以得出,城市保障公民体育权利实现的增长指数大于农村。2011年,我国城市地区保障公民体育权利实现的指数为1.74,而农村地区保障公民体育权利实现的指数仅为0.82。[②] 投入增长的差距使得原本就供求失衡的城乡保障公民体育权利实现之间的差距进一步被拉大。另有研究表明,2012年,国家体育总局对占总人口50.32%的农村体育所提供的体育经费不足群众体育总经费的20%。[③] 这些数据表明,尽管我国对公共服务加大了投入力度,但是我国的公共服务财政,特别是地方财政仍偏向于城市,城乡之间仍存在较大的差距。

(2)不同地区财政投入的不均衡

区域投入的不均衡是指我国对不同地区之间的体育服务的投入是不同的,其最直观的就是地方财政在公共体育服务上的投入所支出的数额。从表2-2可以看出,对不同地区的体育服务的支出进行统计调查,经费投入最多的为华东地区,其总经费投入达3,218,861万元之多;最少的为东北地区,其总经费只有628,227万元。华北地区的总人口为169,334,110人,华中地区的总人口为223,562,940人,其人口的数量虽然拉小了人均公共体育服务的差距,但通过简单的运算依然可以得出,华北地区与华中地区的人均体育经费相差1.8倍。虽然公民体育权益的实现并不以财政的多寡作为决定的因素,但不得否认的是,公民体育服务的实现离不开人力物力的支持,其财政的投入是其最直观的表现形式。实现体育权益的均等化,就是要公民享有无差别资源,而实现财政投入的均等化是缩小地区差异最有效的手段。

---

① 参见刘国永:《对新时代群众体育发展的若干思考》,载《体育科学》2018年第1期。

② 参见秦勇、张秋:《我国城乡体育公共服务均等化的相关环境影响因素研究》,载《体育与科学》2012年第3期。

③ 参见王凯、乔泽波:《城乡体育公共服务均等化的制度约束与创新》,载《上海体育学院学报》2013年第4期。

表2-2　2020年我国七大经济区的体育事业经费实际支出与人均占比①

地区	体育事业经费支出数额/万元	人口总数/人	人均体育经费/元
华东地区	3,218,861	423,469,844	76.01
华南地区	1,619,909	186,220,546	86.99
华中地区	1,075,157	223,562,940	48.09
华北地区	1,477,620	169,334,110	87.26
西北地区	865,477	103,527,786	83.60
西南地区	2,879,551	205,148,550	140.36
东北地区	628,227	98,514,948	63.77

(3)对群众体育活动经费的投入和竞技体育经费投入的不均衡

随着我国经济的发展，我国GDP总量逐年增高，相应地，我国体育事业的收入也显著增多，这得益于我国体育产业的不断发展。从表2-3可以看到，2017年至2020年，伴随着我国GDP总量的不断提高，体育事业经费收入也有了明显的提高，其从2017年到2020年增长了1.21倍，2020年体育事业经费收入达到了1180亿元。政府对体育事业的财政拨款也在逐年增长，2020年，政府体育财政拨款相对于2017年增长了185%。但是，从体育内部经费的支出结构来看，差别化还是比较明显的，尤其是竞技体育和群众体育之间的不均衡问题比较突出。虽然我国体育事业收入的增长给我国体育服务提供了更多的资金，但这只是客观的，我国的体育事业在内部体制上还存在竞技体育与群众体育财政投入差异大的问题，这也是影响公民体育权益实现的一个方面。群众体育在我国并不具有独特的地位，它并没有被作为一项独立的事业被国家所重视，而是往往同其他社会事业放在一处调整。相应地，它也没有独立的经费来源，只是包含在"其他事业费"之中。不仅如此，我国对于竞技体育与群众体育投入经费的巨大差异也体现了国家的政策偏重。在表2-4可以清晰看到，通过对我国2017年至2020年竞技体育事业的支出与其他事业的经费支出状况进行调查，我们发现，近四年来全国体育事业经费对竞技体育的支出达到体育事业总经费的平均比重是70.5%，而其他体育事业经费的比重则仅占到了29.5%，更

① 国家体育总局经济司:《体育事业统计年鉴》，国家体育总局经济司2021年版，第275页。

不要说分到各省、各市的比重。[①] 从2016年体育彩票公益金的使用情况上看，304,976.68万元用于群众体育，投入项目包括全民健身路径、农民体育健身工程、雪炭工程、全民健身基地等，446,661.95万元用于竞技体育，主要投入在国际大型运动会、国内大型运动会、改善训练条件、购进辅助设施等；有795,322.86万元[②]用于体育场修建和添置器材等。由此可以看出，我国对竞技体育与群众体育的投入还是有巨大的差异的，这是导致群众体育发展缓慢的重要原因。从我国的地区差异来看，不同地区的体育财政的投入是有所差异的，财政投入的内部机制也存在较大的问题。对公共体育事业的区别对待，不利于公民体育权益的均等化实现，也不利于我国群众体育事业发展的效益。

表2-3 我国体育事业经费收入占GDP比重

年份	体育事业经费收入/亿元	全国GDP总量/亿元	体育事业经费收入占全国GDP总量的比重/%	财政拨款收入/亿元	政府财政收入/亿元	财政拨款收入占政府财政收入比重/%
2017	677	832,036	0.081	582	172,593	0.34
2018	721	919,281	0.078	534	183,360	0.29
2019	778	986,515	0.079	695	190,390	0.37
2020	1180	1,013,567	0.12	1074	182,914	0.59

资料来源：《体育事业统计年鉴》（2018、2019、2020、2021年版），载国家统计局网，http://www.stats.gov.cn/tjsj/ndsj。

表2-4 我国体育事业经费支出与其他各项体育经费支出比重

年份	体育事业经费支出总额/万元	竞技体育事业经费体育竞赛费/万元	群众体育经费/万元	体育训练费/万元	体育场馆补助费/万元	体育场馆补助费占支出总额比重/%	其他事业费/万元	其他事业费占支出总额比重/%
2017	6,557,115	329,701	403,070	563,557	859,077	13.10	1,305,799	19.91
2018	7,070,761	365,158	446,426	643,894	1,078,700	15.26	853,778	12.07
2019	7,588,647	375,290	375,733	598,111	947,791	12.49	969,309	12.77
2020	11,521,139	213,015	341,240	533,854	1,094,220	9.50	972,382	8.44

资料来源：国家体育总局经济司：《体育事业统计年鉴》（2018、2019、2020、2021年版）。

① 国家体育总局经济司：《体育事业统计年鉴》（2016年版），第281页。

② 国家体育总局经济司：《体育事业统计年鉴》（2016年版），第295页。

Chapter 03 第三章

公民体育权利实现制度保障不足的主要原因与宏观治理策略

国家落实体育权客观法效力,即权利实现的制度保障面临的主要问题是:保障公民体育权利实现的制度不健全、制度执行不到位、制度制定轻民意、财政投入政策失衡。接下来,我们需要分析造成公民体育权利实现制度保障不足的主要原因,并从宏观层面提出相应的治理策略。

一、保障公民体育权利实现的政策法规不健全的原因及治理策略

(一)政策法规不健全的形成原因

1. 保障公民体育权利实现在公共服务中的地位边缘化

我国在不同时期会有不同的经济及社会发展计划,现阶段社会发展目标为全面建设社会主义现代化。在此过程中,要解决的主要社会矛盾也由“人民日益增长的物质文化需要同落后的社会生产力之间的矛盾”转变为“人民日益增长的美好生活需要和不平衡不充分的发展之间的矛盾”。社会矛盾的转变也更加要求社会基础服务的加快建设,不同群体、不同区域发展中存在的差异决定了各个区域的矛盾也是不同的,这对我国经济、社会平稳健康发展也埋下了潜在的危险因素。但随着我国政府的转型,服务型政府建设的首要任务就是加快建设覆盖全民的公共服务体系,

对公共服务进行一系列改革，改革过程中既要注重各方面的公平与平衡，科教、卫生、文化、体育、就业、保险等各方面都要考虑到，也要根据各方面的需求量及需求速度来分配社会资源。21 世纪以来，由于我国人口老龄化速度正在逐步加快，对于社会资源的分配就更加要用在提高全民健康上，保障公民体育权利实现政策的普遍实施与落实更是关乎全社会人民的生活质量与长远利益。但同时也应该看到，就业、医疗、卫生等公共服务的建设也变得更加重要（见表 3－1），诸多的问题需要得到有效解决，为更好地建设社会主义打下坚实基础。

表 3－1　当前公众最关注的政府重点投入领域

排序	重点关注领域	选择人数	选择次数比重/%
1	基本社会保障	1202	61.3
2	卫生和基本医疗保障	1197	61.1
3	义务教育	1028	52.4
4	环境保护	996	50.8
5	公共就业服务	778	39.7
6	公共文化和体育事业	614	31.3

注：此次调查的有效问卷为 1960 份，也就是 2000 人是选择人数的基数。为更好地了解公众对政府投入领域的关注情况，在充分查阅相关文献资料的基础上，课题组设计出了关于“公众最关注的政府重点投入领域”的调查问卷，并选取 2000 名群众作为调查对象，同时为了确保调查问卷的合理有效，课题组采用“专家评测法”来对问卷的结构、内容等指标进行分析检验，结果表明问卷合理有效，能充分反映所要研究的问题。本次调查课题组一共发放问卷 2000 份，实际回收问卷 2000 份，回收率达 100%；其中有效问卷 1960 份，有效回收率 98%。为了保证问卷的可信度，课题组对之前调查过的地区进行了重测，两次结果用 Kappa 一致性系数表示，所得系数为 0.82，可信度程度较高。

对公众最迫切需要解决的公共服务的建设方面进行调查，其中选项包括基本社会保障、卫生和基本医疗保障、义务教育、环境保护、公共就业服务、公共文化和体育事业等方面。调查显示，公众迫切希望解决的公众服务问题为基本社会保障、卫生和基本医疗保障，对公共文化和体育事业的需求愿望较小。

2. 国内体育领域法治建设尚缺乏自觉动力

我国现行体育管理制度形成于计划经济时期，但随着经济的发展，经济发展模式也转变为市场经济，同时体育领域也进行了与经济发展相适应的改革。

随着政府职能的转变,行政管理体制也发生了变化,为体育服务建设提供了更广阔的发展空间,但现实生活中也存在政事不分、管办不分离的情况。具体来说,体育领域依然具有一定的封闭性,体育赛事、竞技管理仍然处在高度集权的垄断状态下,依然注重利益最大化。"这种计划经济体制下的管理模式,从根本上说还是一种人治,而且是一种封闭系统中的人治。"在法治社会建设下,人治与法治是能体现出明显差别的,人治更多体现的是垄断或个人意志主导下决策的制定,但法治更能体现多数人意志,更加便于政策的落实与实施,突出法治以追求公共利益最大化的目标,在保障公民权利的同时,限制政府的权力滥用。之所以要限制政府权力,是因为政府权力掌握在少数人的手中,权力本身也具有很强的扩张性,它对社会各领域的渗透会侵害到公民的权益。但在我国体育行业管理体制下,推行法治化建设是存在一定困难的,一方面需要对体育政策法律法规的建设予以完善,另一方面也需要管理者转变思想,不能以行使权力为重心,而忽视了体育法治的真正建设和发展。

3. 国家当时的体育立法重心在于解决无法可依的问题

改革开放以来到2010年,中国特色社会主义法律体系得以建成,这段时间是我国各个领域的法治建设快速发展、立法数量大幅度增加的时期,2010年之前,全国人大及其常委会制定的法律占目前法律体系总数的90%以上,其中2/3是2000年以前制定完成的。[①] 体育领域坚持依法治体的原则,体育法律法规和部门规章、地方体育立法主要在这段时间得到快速发展,体育立法体系初步形成,体育领域"无法可依"的问题得到基本解决。这个时期的立法思想是"宜粗不宜细",这种立法思想主要是根据当时我国法制基础薄弱和各个领域急需法治保障的实际提出来的,否则,我国不可能在这么短的时间内建成社会主义法律体系,不少领域仍然会面临"无法可依"的状态,也就谈不上加快建设社会主义法治国家,这种立法思想具有政治正确性和合法性。但这种思想指导下的立法会不可避免地忽视立法的质量,所以在体育立法中,普遍存在过于原则化、政策化、重复化、实施机制薄弱等问题。当然,这里也不排除不少地方体育立法是地方官员"出政绩"的一种方法,所以,我们不仅看到了大量的有利于地方体育

① 参见于善旭、李先燕:《论修改〈体育法〉的现实紧迫性与可行性》,载《武汉体育学院学报》2017年第9期。

事业发展的立法,也看到了大量内容重复、缺少实质意义的地方体育立法。立法重心在于解决无法可依是保障公民体育权利实现的立法存在诸多缺陷和不足的一个重要原因,另一个原因是立法没有凸显法律现代性。

4. 立法没有凸显法律的现代性

所谓法律的现代性,就是立法要以权利为本位,平衡公共利益和个人利益,体现以保障人权为中心的现代法精神。而以《体育法》为代表的体育领域的立法却没有彰显出法律的现代性。2022 年《体育法》虽然确认了体育权利,但目前整个体育法规体系还没有将实现公民体育权利的保障措施具体化。体育权利作为我国《宪法》上的一项基本权利,它不仅是一项主观权利,也是一项客观法意义上的权利,它要求《体育法》等法律法规必须以尊重公民体育权利、保障其实现作为立法的价值取向。体育法本质上应是保障公民体育权利实现的法律,但现行体育立法却没有将保障公民体育权利的实现作为其立法的价值取向,而是将国家利益和集体利益摆在了第一位,没有体现出对公民体育权利的个体尊重。当然,体育立法总体上没有彰显人权保障的现代法律理念,与我国以往所处阶段的生产力发展水平有很大关系,应该说在 20 世纪 90 年代到 21 世纪初的这段时期,国家还不具备改善民生的足够实力,服务行政或者说给付行政尚未成为政府行政的主要内容,而体育立法主要在这个时期制定和实施,所以没有体现出以人为本、保障人权的立法理念也有客观上的原因。进入新时代以后,我国综合国力大大增强,民生保障范围不断拓宽和提升,国家也有了实现公民体育权利的能力,在这样的背景下,2022 年《体育法》确认和明示了公民享有体育权利也符合我国社会发展的实际。但如果在大量的体育法规、规章中落实《体育法》确立的公民体育权利则需要良法善治的法治提升,加大公民体育权利保护的力度,推动立法转化。

(二)政策法规不健全的治理策略

1. 强化依法保障公民体育权利实现的观念

对于我国服务型政府的建设,需要依据政府转变思想和具体作为来判定。政府对于公共基础设施的建设和公共服务的提供是衡量服务型政府是否成功构建的重要标准,而对这些服务的提供要以法律为根本准绳,要受到法律的制约,不可盲目行使权力、盲目建设。在我国法治化制度建设下,法律仍然是各种行为的准则,不可逾越法律,政府也不例外。在建设服务型政府之时,首先要建设法治化政府。一切行为都要遵守《宪法》和法律的规定,法律就像是一个天然屏障,有这层屏障在,政府才能更好地发挥其职能,全心全意为人民服务,保障公民权利的顺利实现。要让政府更好地为民众服务,得到民众的肯定与理解,要做到实现公平正义、保障公民权利,也需要强有力的法治建设作为后盾。要依法保障公民体育权利的实现,就需要我们首先从理念上转变思想,通过理念的培养来改变相关法律法规制定者的观念、执行者的执行方式。

进行保障公民体育权利实现法治观念的建设,可以从两方面入手。首先,形成一个良好的法治文化环境,在此环境下进行法治建设宣传,使法治建设得到普遍推广,无论是一般工作人员还是领导干部,都能在此宣传下不断更新自身的法律知识,从而更好地发挥自身作用进行法治建设。宣传者可以扩大到体育领域的新闻媒体、电视节目、广告、赛事、网站等,通过相关的案例展示及法律知识普及,更广泛地影响民众。再如,司法部门和执法部门法律形象的树立,对于法律的实施也有很大的影响,司法部门与行政执法部门是与大众运用法律、接触法律最多的两个部门,也是社会感知法律、了解法律权威性的关键部门。对司法和行政执法部门的形象维护,将更加有利于增加民众对于法律的信仰、敬畏。而保障公民体育权利实现更需要向大众展示公布相关体育赛事案例以让更多的人感受到体育的魅力,了解保障公民体育权利实现的相关法律法规,也让保障公民体育权利实现的发展模式在阳光下运行,更加注重体育权利观念建设。

2. 不断加强政策经验的借鉴与学习

对于政策经验的学习,实践中存在两种方式,一种以经验主义为主,另一种以理想主义为主。两者各有优势与缺点,就经验主义途径来说,其更加注重“经验”二字,顾名思义,该条路径是与实践分不开的,其更加注重的是在实践中所获得的对于实践的总结与反思。通过此种方式,将经验再与实际情况相结合进而上升到政策层面,为法律法规的制定打下坚实的基础。从该路径来说,它突出的优点就是适用性较强。不可否认,一个事物存在两个方面,经验主义固然有很大优势,但在形成具体政策的过程中,其所耗费的时间、精力也是较大的,对于政策及法律法规的制定来说,此过程是漫长的,难免也会存在与社会经济不相适应的情况。对于理想主义路径,也可以从基本方面来理解,它更加注重对政策法规框架的构建,能够在短时间内形成迅速、有效的政策,再加以他国政策法规来完善。但我们也应该考虑到,理想主义在政策法规的构件上是存在缺陷的,由于过于理想化,存在理论联系不了实际的情况,从某些方面来说更像空中楼阁,对于现实生活中各种情况的发生,理想主义路径下,其政策法规的制定更加存在适用性较差的问题。但此两者均有各自的优势与缺点,并无直接的可比性,只是思考问题的出发点不一,我们在实际运用中,也应当兼顾两者的优势,从而更好地为保障公民权利的实现做出最大化努力。

3. 加强保障公民体育权利实现配套政策与法律法规的建设

保障公民体育权利的实现需要从多方面入手,多方位制定政策与法律法规,并做到政策与法律法规相适应。政府也应当发挥其职能作用,为公民体育权利的实现提供基础设施和体育用品供给。不论是政策还是法规,它们的制定与执行都离不开国家体育总局和各地方体育行政管理部门的相互合作与支持。所以,在调动国家体育总局积极立法、及时立法的同时,还需要与各个地方的体育部门进行相应的工作对接、工作协调和立法支持。就目前我国法治建设进程来看,我国大部分地区的省级体育部门在其当地政府的支持与专业知识训练下均获得了相应的行政执法资格,再加上其多年执法经验的累积,它们已经具备相应的资格,在具备此资格情况下,可以提倡多部门联合立法、多部门联合执法,加强各部门联动,协同合作,以达到最大的执法效果。

公民体育权利的实现需要配套政策的建设与执行,而该配套政策的顺利施行离不开基础性的体育法律法规的支持。作为体育领域的基本法《中华人民共和国体育法》于 1995 年正式颁布,2009 年 8 月 27 日进行了第一次修正,2016 年 11 月 7 日进行了第二次修正,这两次修正都属于非常小的修改,在版本上仍然属于 1995 年《体育法》。2022 年 6 月 24 日进行了第三次修正,第三次修正是幅度较大的修订。由于 2022 年《体育法》实施的时间较短,我国现行的很多《体育法》配套政策法规还是围绕 1995 年《体育法》而建立的。2022 年《体育法》从促进公共服务和平等参与、对重点人群的特殊保障、对强化青少年学生和运动员等权利的全面保护等多个方面,来体现以人民为中心的立法宗旨,体现了适应人民群众对新发展阶段追求美好生活新需求的历史进步和社会主义法治本质。[①] 落实新《体育法》关于公民体育权利保障的规定，具体、全面地实现公民体育权利的法治保护，还需要在整个体育法规体系中进行完善，需要更多的立法优化得以实现。从立法体系优化的角度讲，有两个方面的问题需要注意。一是需要将大量的体育政策规范转化和上升为经过立法程序的法律规范，增加体育法规规章的数量，提升体育制度规范的法律效力。尤其是增大高层次体育立法的比重，吸取《国家体育锻炼标准施行办法》修订后由国务院行政法规降为部委联合规章的教训，珍惜已有立法资源避免立法层级的随意性。二是要在综合性立法和别的领域的法律规范创制和修改中，体现新《体育法》关于保障公民体育权利的精神，促进体教融合、体旅融合、体卫融合等融合发展，直接增加关于体育内容的规范条款。

4. 加强立法后评估和立法监督

立法后评估也叫立法跟踪评估。它是现代立法活动的重要内容，其作用在于了解立法的实施效果，发现立法中存在的问题，主要是制度设计是否合理、是否合法，在评估信息的基础上，及时修改立法，更好地发挥立法的作用。[②] 目前我国的体育公共服务立法，尤其是地方的立法大多是立法文本颁布以后，法治工作好像就完成了。立法很少考虑实施的效果，立法质量不高也就在所难免。公民体育权利的充分实现有赖于体育公共服务立法质量的提升。因为法治的目标在于良法善治，良法是前提，只有良法才可能使法治在公共体育服务和公民体育权利的实现中发挥决定性作用。公共体育服务的立法体系存在的诸多自身缺陷制约了法律体系治理的能力，如前文提到的约束力差、大而空、重复立法等。“立法回头看”应成为我国体育立法体系的重心。[③] 立法后评估应坚持民主立法的原则，广泛听取各方面的意见，遵循公众参与原则，倾听社会各界的诉求、反馈和意见。坚持为人民服务的宗旨，以保障立法评估的公正性。[④] 此外，立法后评估也要采取定量与定性相互结合的方法，运用科学规范的方法，使评估的过程规范化、科学化。在此基础上，提出客观、公正、科学的评估报告。

---

① 于善旭：《良法善治：新征程体育强国建设法治提升的审思》，载《体育与科学》2022 年第 4 期。

② 邓世豹：《立法学》，中山大学出版社 2016 年版，第 322 页。

③ 毕森、王松：《对完善我国公共体育服务法律体系的思考》，载《体育文化导刊》2018 年第 4 期。

④ 汪全胜、黄兰松：《论立法的正当性——以立法成本效益评估制度的建立为视角》，载《山东社会科学》2016 年第 1 期。

立法评估报告的形成不是立法评估的终结,立法评估报告中所反映出来的问题,要成为立法、修改、废除、重新制定完善的契机,以确保保障公民体育权利实现立法体系的科学性和长效性。除了立法后评估,也要立法监督工作。立法监督的重点在于解决立法之间的协调性不足的问题。这就需要进一步理顺备案审查机制,落实《立法法》和《法规规章备案条例》中的相关内容,有权的立法机关做好立法审查工作。在立法审查的基础上,进行必要的立法清理,明确清理监督的作用,加强实质内容的清理。

二、保障公民体育权利实现的政策法规执行不到位的原因及治理策略

(一)政策法规难以执行到位的原因

1. 政策法规权威性不够

学界认为政策法规执行不到位的主要原因是保障公民体育权利的政策法规原则性规定较多。他们认为,在政策法规的内容中存在过多原则性的规定,如政策法规的表述多采用"可以"这个鼓励性的词汇,而并不采用权威性较强的"应当"这个词汇。但从对政策法规用词的调查结果来看,政策法规约束性用词的多少并不会对执行工作有较大的影响。以《全民健身条例》为例,"应当"一词在文中总共出现41次,而"可以"只出现了4次。一般而言,认为以"应当"来表述的法律条文具有强制性,是有关部门必须要严格遵守实施的,而以"可以"表述的法律条文,有关部门执行的选择性就比较大。通过调查,我们发现《全民健身条例》的执行度并不高,可以看出,以条文的表述来决定条文本身的权威性,甚至认为其是执行力低下的原因显然是不合理的。我国的政策法规有法律、行政法规、规章、行政性规范文件的分别,其实质就是权威性的不同、位阶的不同,而造成它们权威性不同的原因在于其制定的部门不同。

在前文讨论过公民体育权利实现政策法规的位阶问题之后,本书得出结论:如果要从政策法规自身层面考虑政策无法得到切实有效执行的原因,权威的缺乏首当其冲。政策法规的权威性高低与制定出该政策法规的部门级别的高低成正比。在我国,法律法规以公共体育为主要内容的比较少,反倒是部门规章和政策是这一主题的主要载体,一般法律法规的制定部门级别较高,而政

策法规往往是由一些级别较低的部门作出的，这就导致相关政策法规体系的权威不足。一项政策法规要想得到有效地执行，其本身只有具备一定的权威，才可以得到多部门的协同合作的支持。马克思认为多个部门在联合完成一项任务时，一个有能力解决所有涉及的问题并且对所有部门都能占据支配地位的意志——权威——是成功完成任务的最重要的条件支撑。只有在权威之下，人们才有可能开展需要相互协调合作的各种各样的活动，反之就无法达成既定的政策目标。一项政策法规只有代表了高权威级别的部门的意志，具体执行这项政策的人才会服从这个意志，而不是拒绝执行或者违背政策原意执行。通过上述论述，我们可以发现，如果政策法规自身具备了相当的权威，那么在政策法规执行不正当的执行方式造成的难题就迎刃而解了。

2. 利益冲突问题

政策法规执行难的问题从根本上来讲还是各利益主体之间利益冲突的结果。政策法规的执行离不开上下级之间的贯彻执行，离不开各部门之间的相互配合。政策法规在执行的过程中，要经过不同的机关和部门，而各部门都有自己的利益追求，它包含了国家机关之间的冲突、中央与地方的冲突、政府与民众的冲突，这些冲突使得政策法规在执行的过程中会产生目标的偏离现象。在执行公民体育权利政策法规的过程中，不同利益之间存在两种冲突，其中最激烈的冲突就是中央在制定政策法规时所考虑的利益关系往往和地方在执行政策法规过程中出于对自己利益的保护而作出的行为发生激烈的对抗。某一历史阶段内，一个国家内部通常存在相对固定的利益总量，决策者所处的位置不同，或处于中央的位置又或者处于地方利益考量，不可避免地以不同的方式和角度考虑问题，也有相异的利益需求，他们之间的矛盾来自他们都想在利益总量这块“甜美的大蛋糕”中切割更大的一块。比如，我国体彩方面的法规规定，通过体育彩票向社会筹集的资金必须按照有关规定向国家上交，由国家专门管理，这种公益性质的资金地方政府不得克扣。但是，并不是所有地方政府财政都有富余，一些地方政府的财政吃紧，为了缓解眼前的困境，总是会挪用这些公益性资金以作他用，这种情况在现实中屡见不鲜。① 不难理解，如果上级出台的政策

---

① 参见万红燕：《我国彩票业发展中的问题及其对策》，载《合肥工业大学学报（社会科学版）》2001年第4期。

目标与地方政府的利益发生冲突，地方政府很容易做出不执行政策或者曲解政策法规的行为，从而使政策法规难以发挥真正的效能。

除此之外，部门与部门之间的利益冲突也会严重影响政策法规的执行情况。课题组为了了解影响行政部门执行的因素，首先，采用了文献查阅的方式，这些文献对于研究影响因素以及后续的问卷设计都是十分有利的。其次，设计问卷进行分析调查，问卷调查选取2000人作为调查的对象，其中发放问卷2000份，回收有效问卷1960份，有效回收率达98%。与此同时，为保障调查问卷真实可信，课题组主要采用了“重测法”，先是对选取的2000名群众进行了问卷调查，间隔一个月后，再次对这些人进行回访调查。调查问卷结果分析显示，两次数据所得的相关系数R为0.82，相关程度较高，说明问卷的可信度是比较强的。从课题组对公共服务执行力的调查结果来看，民众（有效问卷回答为1960人）认为，部门利益争夺是影响公共服务执行的第二大原因，只居于责任意识之下，对被调查者进行统计，部门利益选项的调查者占到79.7%（见表3-2）。长期以来，我国的经验是由体育部门管理体育事业，但是随着社会的日益发展，群众对公共体育的诉求越来越高，体育行政部门对公共体育进行管理和资源分配已经感到力不从心，加强多部门的协同合作是大势所趋。当然，加强各行政部门之间的参与合作会产生新的利益冲突，这是不可避免的也是急需解决的问题。举个例子，学校体育场地向社会开放是国家为了促进公共体育发展而制定的一项政策，旨在利用教育部门的资源帮助体育部门完成工作任务。但是，学校体育设施毕竟是为学生提供服务的，学校本来就有限的体育资源向公众开放是对学生体育权益的侵犯，并且也会对学校的管理造成一定的压力，这种饮鸩止渴的方式不值得提倡。特别是学校向社会公开开放体育设施资源必然会使设施受到消耗，如何对学校的损失进行弥补并没有明确规定，这就使得教育部门的利益受到损失，教育部门也会对这一政策产生逆反心理，在执行过程中容易如前文所述采取不正当的执行方式，使政策法规的既定目标偏离了轨道。

表3-2　影响行政部门执行的因素统计

排序	主要因素	频数/次	占回答者的百分比/%
1	部门利益	1562	79.7
2	责任意识	1420	72.4

续表

排序	主要因素	频数/次	占回答者的百分比/%
3	工作作风	1266	64.6
4	全局观念	1058	53.9
5	奖励机制	826	42.1

3. 缺乏对政策法规执行过程的监管

想要政策法规切实发挥实效,就必须对政策的执行过程进行严格的监督管理,避免出现上行下效、消极执行、不切实际执行的行为,对执行过程进行监督也方便政策制定者随时掌握政策法规的执行情况,根据不同情况及时作出调整。然而,现实是我国在监管政策法规执行过程方面存在诸多欠缺:首先,我国的监督机关并不具备很高的权威,也没有法律上的独立地位。监督要想有效,就必须由独立的监督机构来行使监督权,独立的监督机构又要求不能与被监督的对象存在过多的联系。① 但是,我国行政体制长期以来都存在"政事不分、管办不离"的传统,就像体育行政主管部门一方面担负保障公民体育权利实现的行政责任,另一方面又在监管政策法规执行的情况。例如,我国相关法规明确规定,由县级以上地方政府文体部门对本行政区域内的公共文化体育设施进行监督和管理的工作。但是,现实中往往是由这些主管部门的下属事业单位来进行具体管理的,这些事业单位的权威性自然是差了很多,被监管的对象未必会服从,而且这些单位在监管过程中也总是敷衍了事,无法保证政策法规能够得到切实地执行。其次,监管政策法规执行过程中存在的问题往往不能引起足够的重视,反而是政策法规执行结果的好坏成为监管的重点。政策法规的执行环境不是封闭静止的,在执行政策的过程中不可避免地会发生一些突发情况,此时执行者就应在执行过程中做出改变,这种改变有可能使政策法规得到更好的执行,也有可能使执行之路与政策法规的初衷背道而驰。例如,一些开发商在投标中作出的申报规划明明是严格按照《城市社区体育设施建设用地指标》中关于体育设施的种类、规格、数量、场地面积的具体要求进行申报的,然而到了

① 参见黄云鹏:《我国公共服务监管问题探析》,载《宏观经济管理》2009 年第 8 期。

实际建设过程中却远远达不到相关规定要求的标准。[①] 监管部门在建设过程中疏于监管,即便是在最后验收时发现了问题,此时错误也已经覆水难收,能做的也只是对开发商进行罚款,可是这点罚款对开发商来说又未必真能起到惩戒的作用。要想让监管真正发挥作用,就需要重视政策法规执行过程中的监管,不定期进行样本抽查,一旦发现存在违反政策标准的行为,立即责令其改正并予以罚款,保证政策法规完成既定的目标,避免资源的浪费。

(二)政策法规执行不到位的治理策略

1. 梳理现有政策法规内容,健全政策法规体系

如果一项政策法规连自身的正确性都无法保证,那么这项政策法规也难以被切实落实下来。要想保证政策法规的正确性,就需要把我国现存的相关法律法规进行梳理,根据政策法规环境对公共体育政策法规进行删减或增补。这项浩大的工程可以着重从两方面开始:一是检查现有体系、补充漏洞。我国现有的政策法规要建立在我国的现有社会状况之上,完善法律法规体系,可以梳理现有的政策法规内容,分析里面的可利用成分,抓紧时间进行相关的立法活动。例如,根据形势抓紧出台《对基层体育社团进行管理与资助的办法》,以对社会组织如何开展体育活动的相关问题进行规范;出台《学校体育设施向公众开放实施办法》等规定解决学校场馆向社会开放过程中可能会出现的种种问题。把现有的政策以法律法规的形式固定下来,使政策内容具有权威性和执行性。例如,体育赛风赛纪问题为全社会密切关注,对这一问题的整治工作需要多部门联合参与,不应该局限于体育部门,而应该由更高层次的机关并且多部门联合立法。二是排查并剔除相关政策法规中相互矛盾的内容。而今,社会变化发展速度太快,而早些年制定的一些政策法规还局限在当时的环境,早就无法与高速变化的社会相衔接,理应早早对其进行清理修整。不少政策法规都是多年前制定的,需要及时修改整理。修改这些旧政策要顺应现实,使之成为执行者有效执行的依据,尤其要保证政策目标、措施和行动步骤既明确又具体。此外,应

---

① 据陈彦、张军、李蕾对西安地区的调查显示,有44.3%的开发商采取这样的策略。参见陈彦、张军、李蕾:《西安市住宅小区体育设施配套建设实施现状及立法保障研究》,载《西安体育学院学报》2011年第4期。

该协调好各部门之间、各行业之间、新旧政策之间的关系，把各方面的政策打造成一个完整的体系，如此，政策的执行才会畅通。

2. 厘清局部和全局的关系，健全利益平衡机制

对保障公民体育权利实现的政策法规不能执行到位的原因从宏观上分析，其原因是地方的全局意识不强。地方对中央的决策上行下效，没有为大局着想的观念，没有长远的为民众服务的意识。有时候单单考虑眼前的利益做出的选择似乎是正确的，但是这种选择从长远来看是不利于社会发展的。例如，体育场馆对前来健身锻炼的群众收取高昂的费用，从短期来看确实可以充实管理者的资金来源，但是必须要看到，假以时日，其会造成严重的后果，打击群众进行体育锻炼的活跃程度，影响全民的健康水平，同时不利于对群众路线的落实，打破了政府与百姓的鱼水情谊。因此，在执行政策法规的过程中，要综合考虑，从整体利益出发，重视并服务于中央的政策，处理好中央与地方的利益关系，维护政府的权威，认真贯彻执行上级的政策。我国地域广袤、人口众多且杂居、民族多样，地区发展之间的差异较大，只有上下一心、共同发力才能促进社会的快速发展。在法律法规的建设上也是如此，我国的地方差异较大，经济发展水平不一，如果地方对上级的政策上行下效，变通执行、消极执行，那中央政策的权威性将大打折扣。因此，要想维护好中央的权威性，就要保证令行禁止，地方与中央的步调协调一致。

从微观的角度来分析，地方对中央政策法规不全面执行的原因是中央与地方的利益冲突。显然，中央与地方的冲突是不可避免的，中央的政策法规从全国的实际状况出发，为了全体公民的权益，但是，地方对中央政策的执行可能需要的人力、物力较大，有些政策甚至削弱了地方政府的权力，是对政府权益的剥夺。例如，我国 1994 年开始财政制度改革，开始实行“分税制”。在分税制下，政府的财政权力出现向上转移的趋势，而地方对财政的把握力度越来越小，地方政府仅用四成左右的相对财政收入负担起当地近七成的相对财政支出，[①]县级政府承担的财政压力不言而喻。参考《经济参考报》的报道，截至 2013 年，地方政府的实有负债就高达 10.6 万亿元，相比前三年年均增长了 20%。在财政

---

① 参见刘玉、隋红、田雨普：《转型期我国社会体育政策执行偏差的主体因素研究》，载《山东体育学院学报》2010 年第 2 期。

越来越少的情况下,政绩的考核却越来越严格,官员的考核以地方经济增长为考核依据,这便呈现出一种病态的状况。迫于财政压力,地方政府为了扩大政绩往往把精力着重放在招商引资等能带来明显经济效益的项目上,而对于经济效益不明显的公共服务自然不太重视。保障公民体育权利实现需要国家整体制度对其加以约束,但也离不开财政的支持,只有在国家相关制度改革到位的前提下,才可能促使保障公民体育权利实现的政策法规执行的完善。因此,国家需要重点改革以下几个方面,以达到调和利益关系的目的:一是对地方财政支出结构进行调整,明确地方财政对体育公共服务的投入比例,在财政充裕的情况下予以增加;二是注重贫困、边远地区的公共体育扶持,对体育资源贫困地区加大物力及人力的投入;三是建立完善的财政奖励机制,对地方财政状况进行监督,对体育公共服务到位的予以财政奖励,提高公共服务水平。

3. 对政策法规的执行加强监督,健全责任追究机制

美国一位著名的行政学家曾指出,不管是在哪一个群体中,道德规范并不能起到百分之百的约束作用,还是会有人为了极高的潜在利益而不惜违反现存规定。[①] 即便政策法规制定得已经非常科学极其合理,也不可避免地会出现政策法规落实不到位的情况。所以,必须建立有效的监督机制,对体育公共服务的政策法规落实情况进行监督,制定强有力的奖惩机制,及时跟踪反馈政策法规执行的具体情况,依法追究执行者失职导致政策执行失败的责任。

对政策法规执行的强有力的监督可以考虑以下三点建议:一是监督体系必须具有排他的独立性。独立的监督体系的结构应该包括行政机关之间的监督、人大代表的监督以及群众的监督。人大代表的监督应该处于主要地位,行政内部监督要制定专门的监督机制,群众监督是人民信赖的来源。政策制定者应当直接领导监督机构,若把这一权力下放给执行机构,则非常容易受到其他部门的挟制,监督效果的客观性和公正性都会受到严重的影响,不利于保证监督系统的独立性。二是除第一条设想的监督体系外,还要让社会舆论强大起来,让行政机关的工作在阳光下,真正做到为社会公众服务。三是监督政策执行中,监督主体、监督程序必须符合法律的规定,对于违反法律法规的行为必须严格

---

① 参见[美]埃莉诺·奥斯特罗姆:《公共事务的治理之道》,余逊达、陈旭东译,上海译文出版社2012年版,第61页。

依照法律法规的规定进行处罚,追究其责任,政策的严肃性和权威性需要认真捍卫。

健全政策法规执行人员的追责机制可以考虑以下几点:首先,建立责任追究机制,责任主体承担的责任要与他所享有的权利相协调。承担政策执行职责的一般是国家行政机关人员,不能失职越权、职权不能被滥用是他们的职责所在,自由裁量权的使用也要在合理合法的范围之内,行政失当的行为是不被允许的。因此,预期建立的这种追究行为人责任的制度必须要考虑到政策法规执行者所担任的职位,以及他所行使的具体职权。其次,责任主体承担责任需要考虑到初始解释权问题。所谓初始解释权,就是政策执行者对一项政策享有的对该政策最初的内涵进行说明的权利。执行者在执行政策时不能盲目执行,必须要充分了解、分析被执行的政策法规所预期的目标和主要内容,在此基础上,做出合理的执行方案并加以贯彻执行,其要承担的责任也必须与此一致。最后,对政策法规执行者应追究何种责任、怎样追究责任,必须由立法来作出规定,以制度去规范政策法规执行者执行政策的过程,并从行政、刑事和民事三方面,将政策法规执行者的责任纳入法律的调控范围,避免政策法规执行失败后难以确定责任人。

三、保障公民体育权利实现政策法规制定轻民意的原因及治理策略

(一)政策法规制定轻民意的形成原因

1. 公众参与公共决策的权利没得到有效保障

保障公民体育权利实现的政策在制定过程中,是存在多方面瑕疵的,如前文所分析,征求意见稿对意见的征求面是狭窄的,在制定政策过程中,制定政策者依然以业界精英及权力者为主,且在权利方面,公众的参与权也不能完全得到保障。在此双重方面作用下,公众参与决策的可依据法律少之甚少,如此形成恶性循环,公众参与决策的权利更得不到保障。

对于公民在行政立法方面的参与权,多个法律法规对其作出了具体规定。比如,关于听取公民意见的规定,对于做出决策前要进行调查研究、广泛听取意见、总结经验及深入基层群众和机关进行调研、数据分析,再结合实际情况,最

后汇总意见后再上升到政策法规层面等一系列规定,这些法律法规的施行并不仅限于高层立法,在地方性法规的制定过程中也有所体现。上到国务院下至地方政府,这些法律法规所涉及的高度是足够的。可以说,法律法规对公民行政立法参与权的有效实现提供了多种法律支撑,这从一定程度上也反映了我国立法的进步之处,至少在公民立法参与权方面有了重要的突破,也有了多方面法律法规的支撑。但在这些法律法规实施的深度层面,却要另作别论,也可以说,一项法律的有效施行并不仅限于其高度,也要考虑到实施的深度和实施的效果。我国公民权利的保障集中在政策的起草阶段、审查阶段,但也仅限于此两阶段,而公民对于政策法规的启动与决策,修改、废止等意见的提出,是公民行使行政立法的第一道重要门槛,通过此程序,公民可以自由表达与法律法规制定相关的意见,其是公民积极行使权力的重要途径。但现实情况中,只要法案通过立项程序,如没有意外情况发生,其都是可以通过表决的。这就表明,一个法案从被提出到最终形成,是缺少民主动议权这一环节存在的,这样就使得公民对于政策法规的参与度大打折扣。

公民参与行政决策的形式主要表现为价格听证,此权利来源于我国《价格法》中的规定,但除此法律之外,并无其他法律再对此权利作出详细规定。一方面,我国没有公民参与行政决策的程序化规定,公民的行政决策参与度较低,并且,目前我国并未有一部正式实施的法律对决策者应当遵守公民行政参与决策的程序作出规定,当然,对于公民参与法律制定的权利也未作出详细规定。此种情况下,决策者在做出决策时由于没有法律来对其约束,故其做出的决策不可避免地带有一定的专断色彩。另一方面,对于公民权利的保障也没有一部明文的法律来进行规定,所以公民的权利在行使过程中难免会存在一定的阻力与困难,这样也就使得公民参与权得不到保障,长此以往,公民就更不愿参与到法律法规的决策中来,这对于我国建设法治社会也是存在一定影响的。

2. 行政部门履行公民参与义务对应的法律责任规定缺失

我国《宪法》明确规定了公民享有的权利,且在行使权利的同时也应当及时履行其相应义务。赋予行政机关制定决策的权力,同样就要限制它的权力,以保障公众平等参与行政决策的权利。因此,对于行政部门行政活动过程中做出的行政行为应当有明文规定的法律存在,并对其决策权力进行制约,对行政决策部门违反规定的行为要规定其承担相应的责任。但是,我国现有的法律体系内,没有一部法律规定立法机关的义务,以及违背了义务的情况下应当承担何种责任。从行政参与方面来说,也即是法律并没有对立法机关保障公众参与的义务作规定,同样地,也没有规定其违反公众参与原则时要承担的责任。从此方面来说,行政部门对于公民参与法律制定的权利是否得到保障是存在免责情况的,同时,对于公民参与程度和参与结果也无须承担相应责任。由于法律未规定立法机关对公民参与权的落实应不应当承担责任作出具体规定,也就不能完全保障公民参与权的实现。有权必有责,有责受监督,权利的行使必须有义务的制约相配合,如此,才能使得公众权益有效落实。

公民体育权利的保障存在明显缺点就是缺少民意的表达,这是一种普遍存在的现象,公众参与的不全面是与我国长期历史发展相关联的,所以在立法领域,不是某一个部门法存在缺乏民意现象,而是呈现整体性的特征。长期以来,由于需要发展经济改善民生,故我国在社会建设上更加注重对经济、科教、卫生、就业等方面的发展,体育行业远不如其他行业受重视。在此背景下,保障公民体育权利实现的政策法规在制定中轻民意的这一现象可能表现得更加突出。对于政策法规制定轻民意的现象,需要采取有效的策略来促进民主决策的形成。

(二)政策法规制定轻民意的治理策略

1. 坚决贯彻"以民为本"

保障公民体育权利实现的政策法规的制定水平在现代体育政策发展下是需要提高的,在长期的决策者自主决策的背景下,决策者享受权力、集中权力,公民忽视权利、怠于行使权利成为一种常态。想要达到提高公众参与的目标,就必须提高公民参与决策的途径和保护方式,首先要从思想上发生转变,破除"官本位"的旧观念,树立"民本位"意识,普及"民本位"决策形式,让法律被更多人信服、信仰。一切利益及社会经济、法律、文化等各方面的发展,均需要以民众需求为出发点。决策者要以民为本,从广大人民的利益出发,树立"民本位"的观念。我国人大代表的权力来源于人民,为人民服务,从广大人民的实际出发是决策机关应该履行的责任,以广大人民的利益为出发点和落脚点,决策机关要密切联系群众,通过法律法规的制定保障公众的参与权。故可从多方面对民本位的理念进行民众权利保障分析。

一是保障公民体育权利实现政策法规的发展方向应该从供给向需求转变。供给导向主要是以供给者本身利益、自身政绩的提高为根本出发点，而如果转变为需求导向型，在该形式下，是以公共利益作为基本点出发的。在供给发展方向下，效率往往会比公平更被优先考虑，这就会导致政府在利用公共资源投资时容易脱离群众基础而更加注重政绩、形象建设等，这就会与保障公民体育权利实现的需求脱离。而需求型发展方向更加注重的是“公平优先，兼顾效率”，将公平放在第一位符合保障公民体育权利实现政策制定的初衷，也满足了公众对于体育基础服务设施的需求，更加地实实在在为民办事。

二是对于公民体育权利的保障可以从政策法规制定理念出发，进行“底线平等”与“结果平等”之间的关系转变。“结果平等”取向下，在追求结果平等时可能会忽略过程平等，甚至会造成实质上的结果并不平等，换句话说，可能会造成平均主义，与我国社会多层次群体需求相矛盾。而“底线平等”更多是从起点开始的平等、过程的平等、条件平等和机会均等。在此要求下，公民的需求会最大限度地被考虑到，每个人在享受权利的时候都能获得公平、均等的机会，接受平等的服务。从现实角度出发，对于“结果平等”和“底线平等”之间的转变将更有利于公民权利的平等实现，做到遵民意、听民意，从而将地区差距缩减到最小。

2. 建立民主、科学的公民参与制度

民主要得以实现，就必然离不开制度的保障。民主化参与、决策、科学决策都需要有一整套系统的政策决策制度。我国现行有效的决策制度共有三种，这三种制度均将民众的切身利益作为考量因素，但是它们的实现都离不开行政机关强制权利的配合。

听证制度是我国决策制度中较为人性化和现实化的制度，它就行政机关在行使权利过程中对公民权利义务的影响做出事先公众意见参与。该制度保障了当事人平等参与政府决策的权利，当事人可以面对面地向决策机关表达自己的意见，与行政机关谈论、对峙，并对行政机关行政决策的过程产生一定影响力。此种制度对于公众权利的保障和有效参与提供有效途径，是保障公民有序参与、平等参与的有效方式。说明理由制度是指“行政机关在做出对公民合法权益产生不利影响的行政决定时，应当向公民说明该决定的合法性和正当性”。行政机关通过举行听证会对其行政行为来向公众做出合法、合理性解释，让行政机关与公众更直接、更近距离接触,有利于公众对行政机关行政行为的理解,也有利于行政机关行政行为的更好实施,也提高了公民在行政法律中的地位,使权利执行者与权利实施承受者有了更直接的转换。行政机关在做出决策时,应更多地考虑公众意见而不是肆意妄为,不带偏私地去制定政策、实施政策,听证会模式使得公民的参与权得到更好的保障。行政公开制度是指行政机关把决策的内容向社会公众公开,公开的内容包括行政决策的内容、行政主体、程序及法律后果等。行政公开制度能最大限度地保障公民的知情权,使权力的行使更加透明,为公民行政参与提供了很好的条件。行政公开制度会积极促使公民行使参与权、监督权,由被动变为主动。

3. 完善公民参与决策过程的监督机制

政策法规的制定过程可能要受多方面权利主体的影响,我国各利益团体之间的相互博弈会影响决策的制定,忽视广大民众的利益。我国行政机关在决策制定过程中发挥着决定性的作用,通常决策都是由决策机关直接做出的。鉴于决策机关的强势地位,国家赋予决策机关的权力会影响整个社会公民权益的实现,因此要对决策机关的决策权进行监督和制约。首先,加强对决策机关的监督,也就是对人大的监督,可以加强人民代表大会常务委员会的监督职责。人民代表大会常务委员会可以通过审计和调查的方式对人大制定的法律进行监督,不仅要监督人大的立法行为有没有违背宪法,还要对制定出的法律的施行情况进行调查,以便及时向人大提出修改意见。至于是否赋予人大常委会撤销权,本书认为,人大常委会不宜拥有比人大更大的权力。其次,加强司法机关的监督。公民参与决策的权利是法律规定的法益,任何单位和个人都不能对其进行限制。在具体的参与行政决策的过程中,公民的参与权受到侵害的,公民可以通过行政程序提起诉讼。最后,加强媒体的监督。大众媒体是公众监督的有效手段,大众媒体传播面广、传播速度快,不仅能够快速地反映现实中的各类问题,也可以清楚地表达人民的诉求。在法律规定的条件下,公民可以通过大众媒介形成的社会舆论,对公共政策决策产生舆论监督作用。

四、保障公民体育权利实现财政投入政策不公平的原因及治理策略

(一)财政投入政策不公平的形成原因

1. 供给制度上的城乡有别

20 世纪中叶实施的计划经济体制从户籍管理上将我国的城市与农村割裂开来,并形成了二元经济体制。这种城市乡村分别治理的体制格局的特征主要有:(1)政治上对城市户口和农村户口的人区别对待,实行不同的政策;(2)计划经济体制之下,市场交易不是按照等价交换原则进行的,而是对于粮食和农产品等实行统一收购、统一分配,目的是用农业来支撑工业发展;(3)在社会事业的安排上,对城乡区别对待,涉及的科教文卫等领域的公共产品的提供都做不到城乡一致对待。在这种城乡有别的大框架下,无论哪种措施都无法解决农村的落后和农民的贫困。21 世纪以后,我国逐渐重视农村事业的发展,提出建设社会主义新农村和推动城镇化进程等政策支持,对农村的公共产品服务也要求与城市协同发展。可是经历了长期的二元分治,基本公共服务在农村存在的各种疑难杂症不是一朝一夕就能得到根除的。

财政资源对城市和农村的投入也长期受到二元分化制度的影响,分配资源存在巨大的差别。长期的城乡有别的户籍管理制度带有一定的歧视性,在这种环境下,城市户口高人一等的错误观念长期占据主流,阻断了农民对体育权利意识的成长和平等观念的形成,使得农民长期缺乏维护自身合法权益的意识。在经济方面,农村的公共体育资金投入与城市获得的体育资金相比相去甚远,入不敷出是一个客观的现实。在资源配置方式上,城市的体育事业资金来源并不局限于财政拨款支持,还包括社会性组织提供的公益性体育服务供给等多主体对其提供的供给,而农村公共体育服务往往只能得到来自政府的供给。为了改变农村公共产品提供薄弱这一环节,多年来,政府不断调整公共财政支出结构,逐渐加强对农村公共产品的财政支持力度。例如,国家主持开展的各种农民体育健身工程等都是对农村体育公共产品缺乏的补偿。虽然目前国家正在逐渐抓紧改革现存的城乡二元结构,但这种努力还只是集中在改革经济领域二元体制的弊端,还没有制度保证改变农民传统的身份观念,与之相对的权利也

就无法得到相应的保障。虽然国家在改善农民医疗条件、养老等方面做出了非常多的努力,也取得了一定的进展,但是农民在体育、上学、找工作等方面还是会受到歧视性政策的影响。事物发展都需要有一个过程,短期之内就改变城市和农村在资源配置方面的种种不平等的差异是天方夜谭,但为了让农村居民享受到与城市居民同等的基本公共服务,还需要继续努力。

2. 财权、事权的划分上不对等

我国省级以下政府在财政权和管理事务权之间的权力划分呈现不对等的现状。通常情况是,对于财政权,政府的行政层级越高,对财政的掌控权力就越强;行政级别越低的政府掌握的财权就越少,可以支配的财力就越少。至于事权,往往级别越低的政府越需要管理更多的公共服务事务,而这些级别的政府所能够支配的财政权力却很少,难以支撑其庞大的事务压力。我国于 20 世纪末进行的分税制改革可以说是造成这种局面的主要原因,国家进行分税制改革的出发点是通过合理划分,理顺中央和地方在财权和事权上的关系,使财政收入在 GDP 中的比重上升,使中央财政收入占全国收入的比重上升。按照有关规定,中央和地方在事权和财权上的支配范围是不同的,国务院的财政支出主要花费在全国性的经济、文化、外交、国家安全事业等诸多方面,其他地方各级政府的财政支出主要集中在促进本行政区域内经济文化等事业的发展上。但实践中,基层政府财政负担了地方科教文卫事业、地方统筹等费用,这些支出侧重社会公共事业,其收益并不明显,这就无法满足地方政府追求短期目标和经济效益的愿望。其结果就是一些地方政府为了追求经济利益做起甩手掌柜,从而产生了省、地市及县乡财力的纵向上移和事权的相对下移。这一体制造成的不良影响渗透在公共服务的各个领域。我国的公共体育财政投入逐级减少,而相对的部门事权不断增多。地方政府掌控的财政权力少但需要承办的事务多,僧多粥少的局面使地方政府必须选择是把有限的资源用在经济效益明显的投入上还是用在体现社会性的投入中。其结果就是地方政府为了缓解财政上的压力,减少财政对具有公益性的项目的投入,加大经济产出较多的项目上的财政投入,进而导致公共服务结构的失衡,对于经济发展水平落后的地区来说影响更加明显。此外,财政对公共产品的投入还受到地区发展水平的影响,还会造成经济发展程度不同的地区的公共服务结构发展的差距越来越大。

3. 财政投入优先发展竞技体育

1979 年,我国在国际社会的地位逐渐恢复,重新与各个国家的体育健儿展开激烈竞争。然而,当时我国运动员的运动技术与大部分国家相比还有很大的差距,即使是我们优势项目的成绩也达不到奥运会的报名标准。为了转变这种不利的局面,当时的国家体委提出,相较于普及体育活动要更注重提高体育竞技水平,并对不同级别体育部门的工作进行了分工,由国家和省级体育部门主管提高运动技术水平的工作,省级以下的体育主管部门负责推广群众体育工作。1986 年,国家体委发布文件作出指示,即在体育工作中要侧重提高运动选手的专业技能,重点改革现行的训练和竞赛体制。在这一阶段,国家的战略重点在奥运比赛上,为了完成奥运战略、提高竞技水平,改革国家队的组队方式等体制,鼓励建设高水平的社会运动队伍,衔接好国内国际比赛及专业运动比赛和业余运动比赛,以期早日实现奥运战略目标。按照这一要求,不同级别体育主管部门主管工作的分工被打破,各级体委都把精力放在加强竞技体育方面。20 世纪 80 年代初,我们强调优先发展竞技体育,以竞技体育推动整体体育事业的进步,把奥运会作为竞技体育发展的目标,把鼓励青少年参加体育活动作为全民健身工作的重心。反倒是群众体育工作没有强硬的政绩评价标准,成了全国体育事业发展过程中的一个薄弱环节。为了响应号召,在配置资源的时候也会把人力物力资源优先分配给竞技体育,这就必然会造成群众体育和竞技体育在享受的资源上存在差距。20 世纪 90 年代,国家认识到了体育事业发展的不足,开始重视起群众体育事业,提出全民健身战略,但是随着北京奥运会成功申办,奥运热潮再度掀起,全国都在期待运动员为国争光,各种资源自然也就再度向竞技体育倾斜,群众体育又一次受到冷落。

(二)财政投入政策不公平的治理策略

1. 重塑公平优先的公共体育政策价值理念

要想改变我国在公民体育权利实现过程中存在的种种困难,对现实的各种不公平的局面进行整治,首先要做的就是转变思想,使决策者、执行者树立起公平优先的政策理念。美国为了保障公民平等的体育权益,对于那些经济相对落后的地区,采取政府专项拨款提供相应基金的形式;加拿大规定了各级政府的责任,通过省级政府支出能力均等化来保障公民体育资源的均等化实现。[①] 改革开放以来,我国把经济建设作为国家的中心工作,为了提高经济发展速度形成了重视效率忽视公平的发展思路。与新中国刚成立时相比,我们的发展速度和经济效率确实提高了很多,但是这种高效率很多情况下都是以牺牲社会公平换来的。具体到体育领域,这种公平失衡就表现为在配置财政资源的时候重视城市的体育事业发展而忽视农村,二者差距巨大,经济发达地区的体育事业比欠发达地区更容易得到财政的支持,就体育事业内部来看,竞技体育与群众体育的发展失衡等。当前,国家倡导建设服务型政府,在此背景下,我们应该摒弃之前的利益倾斜理论,开始向利益兼顾靠拢,不能再单独强调效率优先,应该把重心放在促进社会公平、注重社会利益的层面上,让体育改革的果实能被全社会共享。

一项政策的制定过程可以说是利益选择的过程,决策者在代表不同群体的利益中根据不同的需求作出选择,从而对错综复杂的利益关系进行调整,所以说,公共政策的本质是社会利益的集中反映。[②] 政策就是制定者寻求利益平衡的结果,在利用政策去满足一部分人利益需求的同时,另一部分人的利益需求就会被漠视,甚至被损害。因此,只有首先树立起公平优先的政策理念,在这一思想的指导下制定能够惠及全社会的公共体育财政投入政策,才有可能缩小现存的各种利益分配差距,切实实现公民体育权利的均衡发展。

2. 建立公共体育资金均衡配置的政策法规措施

长期以来,城乡二元体制的思想在制度层面影响很大,要想改变城乡资源配置不公平的现状:

首先,必须打破二元供给制度,在配置公共体育财政资源时,对城市和农村一视同仁。要认识到并尊重不同地区之间、城市农村之间客观存在的经济发展差距,为了促进农村公共体育事业的发展,以城市反哺农村,将财政对公共体育支持的资金支持适当地向农村倾斜,统筹布局,合理规划财政支持,实现城乡公民体育权利享有的实体公平。

---

① 参见秦小平、黎文普:《城乡体育基本公共服务均等化》,北京体育大学出版社 2016 年版,第 174 页。

② 参见陈庆云主编:《公共政策分析》,北京大学出版社 2006 年版,第 7 页。

其次,在资源配置上做到城乡有别。城市的经济社会发展水平都远远高于农村,在对城市进行资源配置的过程中,要把市场配置机制作为政府提供财政支持保障市民公用体育权利的补充措施,以此达到资源配置的合理程度。此外,在对实现城市公民公共体育权利按照需求予以增加的同时不应该忽视利用开发城市的资源现有存量,免得农村极度缺乏而城市却过度盈余。在对农村公共体育服务配置资源时,要加强重视政府的财政供给,强化各级主管部门的责任意识,加大对农村的财政转移支付,增加对农村的对口支援,在村落体育公共服务中凸显中国特色的优势和长处,使惠及农村的各种体育公共服务项目充分彰显亲近群众、方便群众和有利于群众的社会主义优势。①

再次,具体发挥财政资源在公民体育权利实现保障的功能时要以群众的体育需求为导向。城乡要统筹协调发展,就应该把本身的长处作为有力武器,发掘自身独具特色的地方,并善于利用自身优势相互补充。农村的自身空间广阔、环境自然等特点和优势就十分利于发展农村体育事业,而不必完全按照城市体育模式去发展。举个反面例子,某些地区的村民没有篮球等运动的爱好和热情,在他们看来,将修建的篮球场改作为打谷晒谷场更有实际效用,这样的做法是对资源的浪费,更是对群众参与体育运动积极性的打击。

最后,着重解决在配置公民体育权利实现保障资金过程中的突出问题。对于城市来说,群众体育事业的突出问题是解决市民从事体育活动不方便、距离活动场所较远等问题,所以市区体育是发展的重点。相对而言,农村体育事业发展中遇到的问题不仅仅是发展资金不足、设备缺少的问题,农村群众参与体育活动的积极性不高、权利意识不强、保障体育权利的组织建设不完善等问题也是农村公共体育事业发展的极大阻碍。要改善上述难题,就需要加强对农村地区体育权利的宣传教育,并注重将发展资金用在小城镇体育发展上,推动农村地区整体的发展。

3. 对公共体育资金配置政策进行科学合理的评价

通过对公共政策实施成果进行分析评价,了解政策所推动的资源配置方案是否能够形成良好的社会效果,并根据这一效果对资源分配政策进行修改调

---

① 参见卢文云、卢文洲、陈珍怀:《统筹城乡发展中的村落体育公共服务现状研究》,载《北京体育大学学报》2016 年第 7 期。

整。进行评价的目的就是明确政策的实操性,进而根据实际情况对政策予以完善,从而完成资源配置的最优。科学合理的政策评价能够保障公用体育资金分配政策保持公平合理。过去的注重效率理念促使评价体育发展以速度效益等为指标,转变为优先公平发展理念之后应当以维护公平为重点,包括公众在参与体育活动中的起点公平和过程公平。要保证公民在参与体育活动时的起点公平,就要确保每个人参与体育活动的机会是平等的、无歧视的,这也是公民的基本体育权利。维护过程公平就需要让公共体育资源在资金投入上做到开放和共享,每个人基本上享受同等资源,按需获得体育服务。此外,在评价公共体育资源配置是否合理有效时,除了要基于客观事实之外,也不能忽视从价值上作出判断,尤其是要判断政策的实施结果是否符合群众的利益要求,毕竟,公众对政策实施满意度的反映是评价政策优劣的关键指标。

Chapter 04
第四章

实现公民体育权利的微观立法对策

上一章针对政策法规不健全、政策法规制定轻民意、政策法规执行不到位、财政投入政策失衡等问题提出的对策属于宏观层面的思考,从宏观层面谈制度保障的问题可以从总体上把握问题,得到比较普遍适用的结论。但这种视角的缺点在于容易忽视具体问题的研究,宏观问题的解决往往需要较长的时间,需要渐进推进,故宏观思考有宏大叙事之嫌。所以还需要从微观层面探讨制度保障的问题,微观看待问题可以从具体方面把握问题的细致情况,得到解决具体问题的具体建议,立足于眼前急需要解决的问题,比较接地气。本章仍然是针对我国落实体育权利客观法效力所面临的问题提出对策,只不过这种对策是在微观层面思考和展开的。

依法治体已经成为发展我国体育事业的基本原则和保障公民体育权利实现的主要制度途径,立法在体育权利的制度保障体系中居于主导地位。鉴于我国保障公民体育权利的立法体系尚不完备,缺少上位法与下位法的统筹兼顾,存在规范性弱、权威性低、稳定性缺、效用差、视域窄等问题,公民体育权利的立法保障体系需要不断提升和完善。所以,本章主要在微观层面思考和探讨旨在实现公民体育权利的立法对策。

本章从以下四个方面提出新《体育法》实施后如何加强公民体育权利的法治保障:保障公民体育权利需要进一步完善体育法

规体系;公民体育权利实现中政府责任如何规范;《全民健身条例》中构建公民参与机制的必要性及具体构建;公民体育权利均等化实现的制度如何建设。之所以从以上四个方面提出立法对策,有两个原因:首先,这四个方面的对策直接针对国家落实体育权客观法效力所面临的问题,公民体育权利制度保障不健全的根本原因在于我们以往的体育立法价值倾向不是以权利为中心,政策法规执行不到位说到底是政府没有尽到自己的法律义务,政策法规制定轻民意很大程度上在于我们没有体育立法中建立公民参与机制,财政投入政策失衡意味着公民体育权利实现的非均等化,这四个方面的对策对于公民体育权利的实现具有制度统领的作用。其次,这四个方面的对策,有的是新《体育法》颁布实施后如何完善保障公民体育权利的法规体系尚缺乏探讨,有的是立法对策建议不够现实即该如何从制度上保障公民体育权利实现的均等化,有的尚属于研究的薄弱环节即在《全民健身条例》中构建公民的参与机制,有的研究不够深入即公民体育权利实现中政府的责任。所以,非常有必要从以上四个方面分析研究保障体育权利实现的立法对策。

一、在实施新《体育法》中完善公民体育权利的立法体系

2022 年修订的《体育法》在《全民健身条例》提出体育健身权利的基础上增加了"国家依法保障公民平等参与体育活动的权利"的条款,这一举措确认和明示体育权利是公民享有的一项法定权利,明确了国家应承担的相应保障义务。新《体育法》坚持以人民为中心的立法导向,具体体现在促进公共服务和平等参与、对重点人群的特殊保障、对强化青少年学生和运动员等权利的全面保护等多个方面,贯彻了适应人民群众对新发展阶段追求美好生活新需求的历史进步和社会主义的法治本质。坚持以人民为中心,是党领导体育立法进程中呈现出来的一个鲜明特点。这一宗旨贯穿在新时代以来以习近平同志为核心的党中央治国理政的全部理论与实践之中,同样是我国体育事业发展和体育法治建设的共同价值基础。同时,我国法治建设以人民权利为本位,以保护公民权利为目的,积极回应人民群众的新需求新期待,也体现了以人民为中心的宗旨。

2022 年 6 月 24 日全国人大常委会修订了《体育法》,这是我国体育基本法与时俱进的表现。1995 年颁布的《体育法》已经实施二十多年,严重滞后于经

济社会发展,修改《体育法》十分必要。新《体育法》坚持从国情出发,维护体育发展良好秩序,更好保障公民体育权利,为健康中国建设提供了有力的法治保障。实现了体育法治建设上的一次飞跃。但也应当意识到,目前的立法现状与国家体育部门在总结改革开放四十周年成就时提出的"完善中国体育法规体系"目标相比,[①]仍存在一定差距。为了缩小这一差距,早日实现体育法规体系建设目标,必须要加快各方面相关立法的配套与完善,为全面优化体育法规体系做出更大努力,从而以更加健全的良法体系来推进体育强国建设,保障公民体育权利的实现。

在完善体育立法的新征程上,需要时刻牢记党中央提出的科学立法要求。首先,确立并追求符合社会发展规律和需求的价值理性,体现在政治方向和服务宗旨等方面;其次,注意立法的形式理性,这样才能更好地满足全面依法治体和建设体育强国体育立法的体系化需求,在全面依法治国的总体布局中牢牢把握中国特色社会主义法治体系这个总目标和总抓手。现有法治体系要不断提高其系统化水平,不但体现在内容的优化,同样需要形式体系的良好展现。[②]具有层次性和系统性的法律体系要能对各种法律规范进行合理组织,保证其内部关系协调一致,形成相互配合而不会冲突的状态,法律规范、法律制度和法律部门之间具有一致性,不同位阶的法律规范之间和同一位阶不同法律部门的法律之间具有融洽性。只有在立法层次提高和立法资源整合方面对体育立法发力,才能更好完善保障公民体育权利的体育法规体系,具体要从以下几方面出发:

一是继续提升保障公民体育权利立法数量在体育法规体系中的比重。要改变目前依法治体大量依靠政策文件而规范化立法依据不足的现象,将大量体育政策规范,转化和上升为经过立法程序的体育法律规范,以新《体育法》这一体育基本法为核心,增加体育法律法规规章的数量,提升体育制度规范的法律效力,为体育解纷维权诉讼增加明确的体育法律法规依据。改革开放初期,体育作为相对独立的社会事业和社会活动领域,在社会将解决温饱作为主要任务的历史阶段,与经济社会有着一定距离。在体育立法方面,难免存在法规数量

① 总局政策法规司法规处:《改革开放四十年中国体育法治建设研究》,载《体育文化导刊》2018 年第 7 期。

② 于善旭:《良法善治:新征程体育强国建设法治提升的审思》,载《体育与科学》2022 年第 4 期。

总体较少、立法层次相对偏低的状态。但在全面推进依法治国的时代背景下，随着“依法治体”的深入推进，健全保障公民体育权利的体育法规体系势在必行，在新《体育法》的贯彻实施中，需要进一步加大具体立法的力度，推动靠政策文件向靠法律法规规章的完全转变，不断加大对公民体育权利实现的立法保障。

二是要增大保障公民体育权利高层次体育立法的比重。在以往的相关体育立法中曾经发生过《国家体育锻炼标准施行办法》修订后由国务院行政法规降低为部门联合规章的案例，这就降低了该法的权威性和严肃性，对于依法保障公民体育权利而言具有消极意义，对事关公民体育权利的重要事项有必要通过高层次体育立法给予规定。在当前新《体育法》的贯彻实施中，国家体育总局明确提出了以新《体育法》为依据，全面梳理体育领域现有的法规、规章和规范性文件，做好立改废释工作的要求。鉴于目前保障公民体育权利的法规体系中，高层次立法比重偏低的状况，应以此为契机，国家体育行政部门要向有立法权的各级人大和各级政府积极争取，扩大保障公民体育权利立法的层次，促进体育法有关公民体育权利条款的有效落地。

三是在相关法律中增加保障公民体育权利的规范。要在各种综合性和其他相关领域法律法规规章的创制和修改中，体现新《体育法》关于促进体育与教育、健康、文化、旅游、养老、科技等融合发展的指向，更加广泛地体现出体育与经济社会的广泛联系和各种融合发展关系，直接增加关于体育内容的规范条款。近年来，国家不断加大群众健身体育设施建设的力度，国务院办公厅就此专门印发文件，相关部委出台补短板方案，新《体育法》更是在体育场地设施建设使用和保护方面，提出了更加完善的政策措施，更加严格了法律责任。为从立法上系统解决这一问题，是否可考虑在现行《公共文化体育设施条例》的基础上，融入上述这些新需求新举措和体育法的新规定，对公共体育设施进行专门立法，并根据公共体育设施的公益性质和参考图书馆、博物馆、纪念馆等公共文化设施的经费保障机制，从根本上解决公共体育设施建设运营的可持续发展问题。

四是需要通过立法协调体育权利与其他公民基本权利的冲突。受教育权作为一项宪法规定的基本权利，既是公民的权利，又是公民的义务。而体育权利和受教育权一样都属于宪法学上社会权。但二者的区别在于体育权利更侧重的是公民的权利和自由,没有明显的义务要求。按照青少年与学校体育在体育强国发展中的重要定位,贯彻新《体育法》为突出“优先发展青少年和学校体育,坚持体育和教育融合”而新增的一系列法律规范,针对我国青少年体育锻炼薄弱的问题,要全面落实《宪法》、《义务教育法》和新《体育法》对青少年儿童受教育权的规定,有效解决加强青少年体育锻炼的依法规范问题,高度重视在青少年儿童受教育权中全面发展权的保护。

五是解决不同规范文件对同一调整对象内涵不一的情况。以社会体育指导员工作规范为例,在《体育法》作出“国家实行社会体育指导员技术等级制度”规定之后,经过多年发展,我国社会体育指导员队伍和制度已经形成了公益和职业两种类型并存发展的状态,并在《全民健身条例》中进行了明确。但在体育部门相关立法中,主要是公益社会体育指导员方面的内容,职业社会体育指导员工作的文件基本没有。新《体育法》中“国家实行社会体育指导员制度”的规定,覆盖了两类人员,仅适用于志愿服务指导而称为《社会体育指导员管理办法》的部门规章就与新《体育法》的规定不一致,需要根据“社会体育指导员管理办法由国务院体育行政部门规定”的要求作出新的调整。

二、公民体育权利实现中的政府责任

由于体育权利是公民享有的一项基本权利,国家承担着实现公民体育权利的义务,政府负有主导公民体育权利实现的责任。学者们也普遍认为,基于政府是公民体育权利实现的主导者,负有提供体育基本公共服务的责任,所以需要强化政府的责任,对《体育法》进行修改,规定政府在全民健身事业中的强制性义务,而不仅仅是倡导性的口号。① 我国新《体育法》第 77 条和《全民健身条例》第 4 条和第 26 条虽然规定了县级以上人民政府有保障公民体育权利,将全民健身事业纳入国民经济社会发展规划和有关预算的义务,但缺乏强制性责任的规定。② 因此,在《体育法》和《全民健身条例》的修改中,应明确政府对于

---

① 参见张健:《体育权利研究的限度与转型》,载《成都体育学院学报》2017 年第 1 期。

② 参见吴文平:《论农民体育权利法律保障与实现的国家义务》,载《吉首大学学报(社会科学版)》2014 年第 6 期;吴亮:《法律位阶视阈下〈体育法〉的修改研究》,载《西安体育学院学报》2014 年第 5 期;段鸿斌:《体育扶贫:法律意涵、政策机制与实施路径》,载《武汉体育学院学报》2017 年第 8 期。

实现公民体育权利应承担的强制性法律责任和追责机制,[①]因为“只有对玩忽职守施加惩罚时,义务才能被认真地对待,没有法律上可实施的义务,就没有法律上可实施的权利”。[②] 总之,当前学者们特别强调对政府施以强制性的法律责任,只有这样才能将国家负有的尊重和实现公民体育权利的义务落到实处。但仅仅通过这种惩罚性的法律机制就能有效地落实政府保障公民体育权利实现的责任吗?另外,公民体育权利实现中的政府责任的研究视野需要被拓宽,不仅是责任落实机制,还需要对其责任内涵、构成要件、外化维度、激励机制等进行系统地研究,学界对政府主导实现公民体育权利的责任内涵、构成要件、外化维度、激励机制等尚缺乏系统地阐述和深入地提炼。我们将围绕这些问题展开思考,并在法理追问的基础上提出在《体育法》中完善政府责任的立法建议。

(一)政府主导实现公民体育权利责任的内涵及构成要件

1.政府主导实现公民体育权利责任的内涵

实现公民体育权利政府主导责任是指按照《宪法》《体育法》《全民健身条例》等的规定,政府为了直接满足与保障公民的基本体育活动所需而主动发挥职能,履行国家义务,旨在从根本上全面落实公民体育权利责任,以保障人们享受更好的生活。政府实现公民体育权利的责任是法定的行政职责,考虑到法律安定性[③]的要求,政府在实现公民体育权利中的这种主导责任的逻辑应该是这样的:首先,作为一种行政责任,政府的主导责任必须要遵守行政理论最基本的信赖保护原则和诚实信用原则,[④]其是一种模式化的行为模式;其次,这种行为

---

① 参见吴文平:《论农民体育权利法律保障与实现的国家义务》,载《吉首大学学报(社会科学版)》2014年第6期。

② [美]史蒂芬·霍尔姆斯、[美]凯斯·R.桑斯坦:《权利的成本:为什么自由依赖于税》,毕竟悦译,北京大学出版社2004年版,第26页。

③ 法的安定性是法治的核心要素,它包括两个层面:可预测性和对裁量权的约束。前者在于提升普通公民对具体法律决定的预见可能,后者在于约束政府官员,以提升法律决定的可预测性。参见雷磊:《法律方法、法的安定性与法治》,载《法学家》2015年第4期。

④ 信赖保护原则与诚实信用原则都是对维护法律秩序安定性这一主要法治基础的补充。参见李洪雷:《行政法释义学:行政法学理的更新》,中国人民大学出版社2014年版,第105页。

模式责任不仅包括具体的给付行政行为，[①]也包括实现公民体育权利的政策法规的制定；最后，主导责任也要求对主体行为的实施过程和最终效果进行客观公正的评价或考核。实现公民体育权利责任中政府主导责任的内涵主要表现为：中央和地方各级政府应当统筹协调在实现公民体育权利过程中的责任关系；制定有效的责任承担规则，以保障推进公民体育权利实现责任关系。[②]

2.政府主导实现公民体育权利责任的构成要件

一直以来，法律责任都是由国家强制力作为保证实现的条件，一旦义务主体违反了法律规定的义务或职责，那么它面临的就是一定程度的制裁，这种传统的法律责任理论"具有必然承担和实现的性质，而不管有责主体的意愿如何"。[③] 实现公民体育权利中政府的主导责任当然具备上述传统责任性质，若政府公务人员玩忽职守、滥用职权等行为违反了法律规定的第一性义务，就极有可能因此导致被追究相关责任而承担第二性的义务。除此之外，还需要对政府的责任进行"最佳性考量"，[④]也就是除了要对政府行使权力的行为进行"合法性考量"予以控制之外，还需要思考构建最佳的治理结构，毕竟政府的体育行政行为并没有完全模式化，要想达到实现公民体育权利的目标，就需要各体育行政部门根据不同地区的特点采取不同的策略，合理灵活地运用行政裁量权。传统的法律责任理论对于一些"表面工作"难以进行有效的制止，因此本书认为，除了采用传统法律责任理论中的强制制裁措施以外，不妨将"引导—激励"模式作为促使政府实现体育行政职能的新的责任模式。与传统的义务（禁止）—惩戒模式不同，这种新型的引导—激励模式以引导为第一性义务的建构要素，在违反了第一性义务后再发生以激励为主的第二性义务。实现公民体育权利的

---

① 广泛意义上的给付行政，既包括"通过公共设施、公共企业等进行的社会、经济、文化性服务的提供"，也包括"通过社会保障、公共扶助等进行的生活保护、保障，以及资金的交付、助成等"，即"通过授益性活动，积极地提高、增进国民福利的公行政活动"。参见杨建顺：《日本行政法通论》，中国法制出版社1998 年版，第 329 页。

② 责任的本义乃是"受拘束的"，即对豁免（或免除）的相反界定或否定。参见［美］霍菲尔德：《基本法律概念》，张书友编译，中国法制出版社 2009 年版，第 67 页。

③ 参见刘作翔、龚向和：《法律责任的概念分析》，载《法学》1997 年第 10 期。

④ 参见朱新力、唐明良等：《行政法基础理论改革的基本图谱》，法律出版社 2013 年版，第 3 ~ 15 页。

政府主导责任正是新型意义上的责任模式，[①]该责任模式相对于传统责任模式有着自身独有的特点。

第一，公民体育权利实现中的政府主导责任是以行动引导作为初级规则，这种引导是一种促使政府及时做出行为的指引，而不是传统模式中的以禁止性的不作为要求为要件。首先，政府在实现公民体育权利过程中的责任是一种积极主动的责任，并以严格性作为责任承担的前提条件。其次，责任重点在于实现权利，以实现性作为责任指向。最后，不能专断、武断地作出承担何种责任的结论，应通过建议、辩驳等各种民主途径把民主作为责任实现的保障，以更好地解决群众性体育活动中的相关问题。[②] 只有结合上述三种属性重新构建传统的义务体系，才能形成实现公民体育权利的政府主导责任的正当性基础。

第二，与传统责任模式不同，新的责任模式摒弃了原有的以惩罚制裁为主要手段的规则，[③]反而以激励为主，以惩罚做辅助。传统责任模式一个最大的弊端就在于，只有行为造成了严重的损害后果，才可以对行为人处以苛责。[④] 然而并不是只有行政作为行为才会直接造成相对人的损失，对于不作为的情形就难以依据传统责任模式找到追究行政行为人责任的依据。因此，为了扭转传统责任模式在规制政府行政行为时失灵的局面，就不能仅仅通过消极被动的禁止性规定和消极的制裁措施来达到约束不当行政行为以落实政府责任的目的，对于普遍存在的行政不作为现象也应该加强调控。诚如博登海默所言："法律的主要作用不是惩罚或压制，而是为人类共处和为满足某些基本需要提供规范性安

---

① 某责任主体无论是以禁止的方式还是按引导的方式采取某种既定行为，在这一过程中，该主体都能预料到其自身将体验的某种痛苦，而惩戒与激励只是表示这种痛苦的来源方式存在一定差异，这种痛苦才是真正促使某主体按既定方式行事的根源。参见[英]H. L. A. 哈特：《哈特论边沁——法律学与政治理论研究》，谌洪果译，法律出版社2015年版，第138页。

② 张步峰：《福尔斯托霍夫给付行政理论的反民主倾向及其批判》，载杨建顺主编：《比较行政法——给付行政的法原理及实证性研究》，中国人民大学出版社2008年版，第103～111页。

③ 譬如，凯尔森认为，"法律责任是一个人在法律上要对一定的行为负责，意思就是，他作相反行为时，他应受制裁"。（[奥]凯尔森：《法与国家的一般理论》，商务印书馆2014年版，第113页）类似论断，参见张恒山：《法理要论》，北京大学出版社2009年版，第463页；郭道晖：《法理学精义》，湖南人民出版社2005年版，第238页。

④ 我国对政治责任的追究往往是在主体决策（行为）产生了不当后果后再使主体承担责任，而实际上"负责任的政治是从履行积极意义的政治责任开始的，最理想的情况也是政治责任主体能自觉地履行积极意义的政治责任"。参见张贤明：《政治责任的逻辑与实现》，载《政治学研究》2003年第4期。

排。"[①]为了达到积极鼓励政府作为、合理规制政府不当作为或无为的目的,政府在实现公民体育权利过程中的主导责任就不应拘泥于以往的侧重惩罚功能,而应当结合惩罚与激励的双重功能,侧重激励功能,发挥激励功能的主导作用。[②]具体来讲,就是对主体的行政行为进行一种诱导,对具体执行体育行政行为的人员允诺期待利益,如颁发荣誉职称、薪金奖金等,使相关主体变被动为主动,激发潜在动力。[③] 与此同时,将惩罚措施作为辅助,对违法行使职权的行为予以否定,促使相关责任主体在作出相关决策过程中"从一个给定的投入量中获得最大的产出",[④]最终达到个体利益与社会利益的双重统一。因此,建立一套系统、全面和有效的责任激励机制是落实政府在实现公民体育权利中主导责任的重要内容。

(二)实现公民体育权利过程中政府责任的外化维度

政府对实现公民体育权利的行政责任不仅要及时,还要有目的性,如果体育行政行为效率低下,那么公民体育权利实现的效果就会大打折扣,实现公民体育权利的关键在于提升政府实施体育行政行为的效率,为了提升政府行政行为的效率就需要加强政府的引导责任。政府引导责任的落实表现在政府的给付责任和制度保障责任的履行过程中,因此,政府的积极体育行政作为可以表现为以下三个方面。

1. 政府实现公民体育权利的财政供给责任

在我国全面建成小康社会后,人民生活水平和生活观念不断提高,但是,一方面,在营利性的体育场所从事体育活动对于大部分人来说仍是一笔不小的开销;另一方面,财政收入降低也制约社会公共体育场地和活动器械的资金投入。这就要求政府在群众体育方面的财政供给目标上既要精准,又要保证提供的资

---

① [美]E. 博登海默:《法理学:法律哲学与法律方法》,邓正来译,中国政法大学出版社 2004 年版,第 366 页。

② 正如某些学者所提出的,"法律激励的研究需要包容奖励与惩罚的双面研究,并摆脱技术化的藩篱,实现理念化的提升,以励治法治观替换惩治法治观"。参见丰霏:《从立法技术到治理理念——中国语境下法律激励理论的转向》,载《法商研究》2015 年第 3 期。

③ 有学者提出,"法律只能诱导,而不可能强制人们选择社会所希望的行动"。参见张维迎:《信息、信任与法律》,生活·读书·新知三联书店 2006 年版,第 77 页。

④ [美]阿瑟·奥肯:《平等与效率——重大抉择》,王奔洲等译,华夏出版社 2010 年版,第 3 页。

金能够覆盖到尽量宽广的范围，以达到用有限的体育资源实现更大的配置的效果。

（1）政府在群众性体育事业方面的财政供给困境

我国群众性体育事业中存在的利益需求朝着多元性发展，与之相应，政府的体育行政模式也应当满足实现公共体育服务的发展需要。但是，在我国现行的体育领域的法律和现实中的财政支持仍是群众性体育事业建设中单一的资金支撑，在此背景下，政府在体育财政供给上非常容易，因此与“实现公民体育权利”的政策取向相背离，从而产生资金供给瞄准机制偏离、财政适用范围局限等一系列问题。

第一，公共服务的财政供给存在资金使用上的问题。中央与地方政府在公共服务和公共产品方面的划分财政责任的结构不合理，地方政府在公共服务领域的支出与日俱增，但是财政资金却没有增加。而且我国对地方政府工作的评价标准偏重 GDP 增长率，这就影响了地方政府对公共服务的财政投入。[①] 地方政府最贴近群众体育事业建设工作，然而地方政府的信息优势无法在财政资金的管理和运用中得到应有的发挥，公共服务财政资金也就难以符合“实现公民体育权利”的使用目标。另外，财政资金在不同地区之间的分配结构上是倾斜的，大部分公共服务财政资金流向城市，但集中了大部分人口的乡镇地区却只有较少的公共服务财政支持，这导致难以发挥财政资金的整体效用。

第二，财政资金涵盖的群众体育活动范围有限。近年来，我国公共服务财政投入对社会体育场地及体育设施增长的贡献系数呈现比较明显的下降趋势，公共服务财政在东西部及城市乡村的投入并不平衡，体育资源分配结构失衡，没有扩大公民能享受到的体育权利覆盖范围。

（2）落实政府财政供给的责任

政府财政资金由上级向下级流动，但不同级别政府之间缺少信息沟通机制，并且上下级政府机构之间的职权配置结构不利于财政资金在公共产品领域发挥最大效用，这也是当前群众性体育的财政供给困境的原因。要解决上述困境，需要调整上下级政府之间的职权配置结构，加强不同级别行政部门之间的

---

① 参见王增文、邓大松：《财政分权不充分、竞争策略扭曲与社会救助支出：内在逻辑与中国的实际》，载《社会保障研究》2015 年第 2 期。

财政信息交流。为确保公共产品投入与公民体育权利实现的任务相适应，对目前存在的政府财政支出结构不合理、社会资金不易进入体育公共服务等限制应当作出调整，制定具体全面的政策法规。

第一，加强政府财政资金对公共服务供给的回馈反应机制，平衡公共服务财政资源的分配结构。根据财政资金从中央到地方的分配机制现实，在公共产品供给方面，应当适当扩大财政资金从中央政府的支出力度。此外，由于地方政府平时承担了沉重的财政压力，应当适当解放地方政府的财政收入权限，减轻地方政府的筹资负担，还可以对体育资金的使用建立考察评价制度，促使体育资源的合理使用。在体育资金使用的范围上，应当考虑到体育场地建设、体育设施完善等不同的项目，尤其应当加强对农村地区推行这些新公民体育权利项目的支持力度。

第二，健全合作型财政转移支付法律机制。首先，从经度上讲，合作型转移支付机制要求财政资金对公共服务的投入能够及时和高效，这就需要减少财政转移支付的经过环节，加强从中央到基层体育行政部门之间的信息共享和信息沟通。其次，从维度上考虑，合作型转移支付机制需要不同地区之间开展体育资金投入的财政联动，针对农村地区或中西部经济较为落后地区的群众性体育活动环境，打破层级制财政供给的局限，建立以中央体育部门与地方政府参与的财政合作网络。

2. 政府主导实现公民体育权利的方式与制度供给

我国公民体育权利的实现缺少制度性保障，一直以来，在制度供给上，政府一直都是被动供给。正是在这种被动思想的驱使下，公民参与社会性体育活动的物质利益、精神利益等制度供给不足，公民难以真正有效地参与到社会体育运动中去，从而不利于公民体育权利的进一步实现。因此，制度供给方式要变被动供给为积极主动供给，在实现公民体育权利的过程中建立科学有效的制度供给与制度激励，以达到有限公共服务资源的优化配置与公民体育权益保障的目的。

(1) 理性选择政府实现公民体育权利的方式

一直以来，政府的能动性在公共体育事业建设中发挥着举足轻重的作用，社会能动性没有得到展现，在政府能动作用疲软的情况下，社会的主动性与创造性应当登上舞台发挥功能。当然，这种总体思路仍需进一步地细化与完善，以提高其可操作性。

现实制度不仅需要实践需求反映到制度供给内容的创新与改革当中，还要不断提升社会主体的能力和积极性。按照制度经济学理论，制度的形成引导并确定了经济活动的激励与非激励系统，国家最终要对造成经济增长、停滞和衰退的制度结构的效率负责，因而制度内容的确定过程中必然要考虑相关的激励与效率因素。[①] 作为社会经济文化权利的公民体育权利实质也是一种社会利益配置机制，即通过满足公民的体育权利需求，在社会上对公民的利益进行再分配，以实现国家对公民负有的社会义务。由于我国在实现公民体育权利的过程中欠缺社会主体对这一过程的参与，社会的积极主动性没有发挥应有的功能，因此要满足制度供给的内容与群众体育活动的现实需求相一致及切实有效实现公民体育权利的目标只能通过消极被动的方式来实现。

(2)积极主动进行公民体育权利制度的合理供给

不同制度在制度结构中是相互联系的，[②]制度作为一种抽象的存在，其作用的发挥主要是通过法律、法规、规章等形式得以实现。把公共服务制度作为公共产品进行供给，实际上就是制定、颁布、实施各类保障公民社会权实现的法律、法规和规章。作为公民社会权之一的公民体育权利，其实现必然离不开制度的保障，也就是离不开保障公民体育权利实现的政策法规的供给，这不仅是体现将公共服务制度作为公共产品向全体公民提供的创新要求，也是从制度层面保障广大人民群众体育权利得以实现和满足的现实途径。

3.政府在实现公民体育权利方面的社会资源整合责任

政府在建设群众性体育事业的过程中往往会因为信息不对称等原因导致行政职责履行不到位，以致权利保障效果不能令人满意。政府虽然具有实现公民体育权利的职责，但其并不是唯一的责任主体，引导社会力量自愿参与群众体育活动建设，能够有效解决政府在履行义务中存在的弊端，发挥社会主体在人力和财力方面的优势。可以说，政府的引导责任还在于能够挖掘和整合社会资源力量参与其中，从而构建"政府—社会中间层主体—市场主体"的多体

---

① 参见[美]道格拉斯·C.诺思：《经济史中的结构与变迁》，陈郁、罗华平等译，生活·读书·新知三联书店、上海人民出版社1994年版，第17页。

② 参见林毅夫：《关于制度变迁的经济学理论：诱致性变迁与强制性变迁》，载[美]科斯等：《财产权利与制度变迁：产权学派与新制度学派译文集》，刘守英等译，上海人民出版社1994年版，第388页。

模式。

(1)政府挖掘社会力量实现公民体育权利的责任

实现公民体育权利作为一种宪法上的社会权,国家是这一责任理所当然的主体,但是政府也不可避免地具有自利性,而公共体育事业具有很大的公益性,这与政府的行政目标并不完全一致。如果只依靠政府来推动实现公民体育权利,很有可能会导致公共体育资源配置失衡,从而引发政府管理失灵。一方面,政府内部缺少交流机制产生信息交换迟钝,使不同行政级别的政府体育行政部门在具体执法时可能会出现行政目标偏差,地方体育行政部门没有响应中央的政策,忽视了资源的分配方向,使大量体育事业资金得不到有效利用。另一方面,地方体育行政部门迫于政府机关多层级的权力支配压力,为了完成群众体育事业的硬性工作指标,通常在没有法律依据的情况下将大量工作推给基层自治组织,这不仅是一种不作为的表现,还极易引发基层居民自治组织的成员滥用其信息优势地位的风险。

我国将实现公民体育权利的路径从消极被动向积极主动进行的转换,本身即要求增加非政府力量对建设群众体育事业的参与,共同承担实现公民体育权利的责任。

(2)政府挖掘社会力量参与群众体育事业建设的促进机制

政府作为国家权力的行使代表,其支配着绝大部分的社会资源,相比之下,社会主体若要参与体育事业建设,不管是在可支配资金还是专业程度上,力量都有些薄弱。同时,虽然《体育法》《全民健身条例》等法律法规都支持并鼓励社会组织在发展群众体育的过程中发挥积极作用,但却鲜有相应的政策或规定对社会组织的参与给予奖励政策。想要充分发挥社会力量参与群众体育事业,需要政府发挥好财政资金调控职能和制度调控职能的优势。

第一,强化社会力量参与发展群众体育事业的深度。美国政府从凯恩斯时代开始对社会组织进行长期和大量的资金支持,其政府购买和税费激励措施经历了从“设计型”向“绩效型”转变的过程。[①] 当前,我国有关法律法规中过分强调社会主体的资格问题,并以此作为判断是否提供财政支持的硬性标准而不考

---

① 参见王浦劬、[美]莱斯特·M. 萨拉蒙:《政府向社会组织购买公共服务研究:中国与全球经验分析》,北京大学出版社 2010 年版,第 294 页。

虑是否会降低行为的效率。[①] 因此,政府应该加大对社会主体参与社会体育事业建设的财政支持力度,将社会力量进入公共服务供给领域的准入以社会组织的行为绩效为标准,通过市场调节机制弥补政府在公共产品供给领域的缺陷。

第二,参与体育公共服务的社会组织,应该由政府对其专业性和能动性予以正确引导。也就是说,政府对于参与到群众性体育活动建设工作中的社会组织加强实质性的监管,并为社会组织提供相应的公共服务与制度引导。首先,社会组织的参与资格审查应该有所转变。我国相关法律法规对社会组织的设立条件规定较为单一,这样的资格审查标准有些死板,已经不能满足现实中的多样化需求。为了应对不同社会主体的现实情况,应当根据社会组织参与的群众体育项目的不同设立有区别的审查程序,有宽有严有所侧重。其次,需要在制度上确立社会主体参与群众体育事业的内部治理规范,制定法规或者规章政策,对社会组织的内部监管机关、决策机关、财务人事以及具体行动准则等事项作出明确规定,保证社会组织能够提供优质的服务,减少组织内部混乱,使社会组织的参与符合国家实现公民体育权利的总体目标。

(三)实现公民体育权利中政府主导责任的激励准则及绩效考核

如前文所述,传统的以禁止为第一义务,惩戒为第二义务的追责模式下,政府履行职责的积极性大打折扣。制度与道德价值目标的构建在符合责任主体自身利益时,责任主体的积极性才会被最大限度地激发出来,才能够更好地承担起实现公民体育权利的责任。也就是说,以法律规范的激励功能促使政府转变传统的行政思维,调动责任主体的积极性,使政府的体育行政行为信守"责任—权利(力)—利益相统一"的责任落实原则。

1. 实现公民体育权利中政府主导责任的激励机制

在实现公民体育权利过程中,各级体育行政部门之间,体育行政部门与其他部门之间的权力职责和利益目标应该协调一致,否则就会出现混乱,降低效率。激励机制原则上要求权利与责任相统一,它的内涵在于每个责任主体既具有经济性又具有社会性,经济性的本质在于追求最大化的利益,而社会性则是

---

① 参见刘春湘、郭梓焱:《当前我国社会组织公信力危机及重构》,载《湘潭大学学报(哲学社会科学版)》2016 年第 4 期。

要求责任实现的有效性。这就需要激励机制对二者之间的矛盾进行调和,从而"内部化个人行为的外部成本,诱导个人选择社会最优的行为"。[①] 本书认为,首先,单纯的违法追究制度难以调动责任主体的最大主动性,而要做到权利和责任相统一,需要对相关责任主体的权力职责和利益范围等问题作出明确规定,避免责任主体在履行职责时错位、缺位、越位;其次,为了加强社会对责任主体在实现公民体育权利过程中行为的监督,应当明确责任主体的告知义务和告知途径;最后,根据责任主体具体的履责情况,对积极履行职责、在群众体育事业中取得较好成绩的体育行政部门视情况给予奖励,对于消极懈怠履行职责的,应当明确其要承担的消极后果。

第一,明确实现公民体育权利过程中的责任主体的角色。政府在实现群众性体育事业建设活动过程中担任的角色具有双重性,不仅是公民体育权利制度的制定者还是具体制度实现的实践者。作为制度制定者,需要最高行政机关制定通行于全国范围的体育行政主体行政规范,地方各级行政机关再根据本地具体实践去健全群众体育工作的规则制定工作,推进群众体育事业迈入法治化轨道。作为制度的实践者,纵向层面上,对省、市、县、乡四级责任主体的权责予以厘定,横向层面上,加强政府各部门、各单位之间的沟通协调(体育行政部门、财政部门等),不断优化责任主体的权力职责配置并予以落实。

第二,加强对政府责任说明回应机制的建设。政府在实现公民体育权利过程中的工作需要社会的民主监督,责任主体应对自己的体育行政行为和履责结果向社会公开并对公众的质疑作出解释说明,同时积极配合日常行为监督、汇报行为动态、反馈群众意见以及公开信息。例如,确保公共体育资金安全、规范、高效地使用。接受公民监督不仅可以填补行政内部的漏洞,还可以激发调动群众的积极性和参与性。

第三,激励责任追究机制的完善。目前,许多地方政府虽已制定了体育行政中的具体问责办法,但是这种问责机制在理论上还是有很大的讨论空间的。传统的问责追究机制规定的承担责任的方式主要是以行政机关公务员的行政责任和刑事责任为主,且主要因选择性执行、替代性执行、象征性执行等情形引

---

① 张维迎:《信息、信任与法律》,生活·读书·新知三联书店2006年版,第63页。

起追责机制的启动。[①] 在问责主体上,目前主要由各级行政机关负责责任追究,而司法部门只在启动问责程序后才予以必要的配合,所以,这种追责模式下的追责主体没有独立的地位。追责机制功能的充分发挥需要政府、司法、社会等多方参与,加强合作。[②] 此外,仅有负面的惩罚措施是远远无法充分调动责任主体的积极性的,还需要精神奖励与物质奖励相配合的正面激励机制。[③] 目前,已经有部分相关政策性文件中规定,对在群众性体育工作中取得优异成绩的给予荣誉称号或者在升迁方面给予奖励,这对于落实体育行政部门的体育行政责任具有十分重要的作用。

2. 责任主体的成效考核

制度规则的制定旨在得到符合规定的工作成果,因此,构建一套科学完善的成效考核体系也是构建一套完善的激励机制所必需的。完整的考核办法应当包括群众性体育专项资金的使用、群众体育活动的宣传和开展等内容,在考核程序上,应当具体明确考核步骤、考核处理、考核公正、考核指标等。

第一,完善考核方式。目前采用的评价方法多为综合性评价,虽然可以对工作成效有一个宏观的反映,但是确实容易忽视低效使用资源的情况,因此需要在考评中进行专项评估。对政府在实现公民体育权利过程中的工作成效予以量化显示进行评估,并针对问题提出改进建议。

第二,提升考核的公正性。对政府工作实效的考核不能仅仅是一个形式,还要发挥出考核机制的功能,切实提高责任主体的工作实绩。为此,仅依赖行政系统内部的考察无法达到预期效果,还需要公民和社会的多方参与。多方参与评估的考评结果相对公正,考核中引入中立的第三方机构或者组织对政府在实现公民体育权利中的工作实效进行评价,以此作为考核体育行政部门工作完成情况的重要依据。

第三,成效考核结果的激励。一套完整的考核程序需要对考核结果做出价值判断,比如,将开展群众性体育活动责任落实是否到位、工作是否有成效作为干部选拔使用的重要依据。首先,政府在履行体育行政职责中的工作成效应当

---

① 参见张瑞林、王晓芳、王先亮:《我国全民健身公共政策执行阻滞分析》,载《上海体育学院学报》2013 年第 4 期。

② 参见韩春晖:《行政决策终身责任追究制的法律难题及其解决》,载《中国法学》2015 年第 6 期。

③ 参见丰霏:《法律治理中的激励模式》,载《法制与社会发展》2012 年第 2 期。

作为考核的重点,将这部分考核结果作为行政部门政绩的重要指标。其次,对不同的考核结果制定相应的奖惩制度。对工作成绩优秀的单位或者部门予以表彰或作为重点提拔对象,在分配公共财政资金时也将考核成绩作为考虑依据。对于在履行职责中存在失职等行为以及考核不合格的,对相应部门领导和工作人员进行批评、要求整改,情节严重的可以将其调离岗位。

"任何政府都需要建立一套责任机制,只有这样才能获得广泛的社会支持。"①只有政府的体育行政能力不断加强和保护公民体育权利相关法律制度不断完善,才能真正满足公民对体育权利的诉求。首先,尽管实现公民体育权利是国家的宪法义务,但在实现公民体育权利过程中,应该倡导多方参与、协同政府治理,其本质是"政府与公民对公共生活的合作管理,是一种'官民共治'"。可以说,要想实现公民体育权利真正实现,就必须加强政府的民主和法治建设,全面提高政府的治理能力。其次,一个国家只有遵循科学、民主和法治的治理方式,才能说它的治理方式是现代化的治理方式。在国家的治理体系中,法治是前提条件。通过法治化将国家的一系列制度予以固定、精确,从而增强制度的可操作性和运行效果。《全民健身条例》《国家基本公共服务体系"十二五"规划》仍不可避免地存在可执行性和操作性方面的缺陷,故需要对相关制度进行规范,由国务院制定相关条例或规范性文件具体细化政府责任,并对体育行政部门的主动行为形式进行规范,或者可以通过人大立法对公民享有的体育权利和政府在这方面应当承担的义务进行进一步明确。此外,要确保政府责任得到切实落实,有必要对相关配套立法(如《经营高危险性体育项目许可管理办法》等)进行完善。"引导—激励"的新型责任模式不仅是政府责任实现方式上的一次更新与完善,更是对传统行政责任理论的丰富和深入探索。

(四)实现公民体育权利中政府主导责任的立法建议

实现公民体育权利是《宪法》规定的国家义务,政府在实现这一权利的过程中应当承担主导责任。传统的惩罚性制裁措施并不能促使政府更好地行使体育行政职权,如前文所述,只有将惩罚措施与激励措施相结合才能更好地调动政府的积极性。然而结合《体育法》及《全民健身条例》可以发现,我国目前立

---

① [澳]欧文·E. 休斯:《公共管理导论》,张成福等译,中国人民大学出版社2007年版,第279页。

法上缺乏对政府在体育行政执法过程中的奖励驱动。本书认为,应当在立法上明确建立一套对政府在实现公民体育权利过程中的行政行为进行考核和激励的机制,不仅要设置行之有效的考核标准、考核方法和对政府工作成果的评估机制,还要根据绩效成果搭配相应的激励规则,能者进怠者退,对做出实绩的单位或个人给予金钱、荣誉或其他奖励,最大限度地调动政府在公共体育事业方面的积极性和主动性。只有激励措施和惩罚措施两种手段相互配合,才能更好地发挥政府的公共服务职能。

除此之外,还应当从立法上厘清政府和社会主体在体育事业中的关系。现实中,体育行政部门的权力范围在法律上并没有一个清晰的界限,这种情况下极易产生"行政垄断"的情形。体育行政部门事业职能的不断膨胀,资金负担的不断加重,束缚了政府在体育事业建设中的职能发挥。在这种局面下,市场和社会的功能难以得到有效发挥,而非营利性社会组织参与体育事业建设能够很好地缓解体育行政部门的困境。但是,我国《体育法》并没有对社会体育组织的性质、享有的权利进行明确规定,特别是社会体育组织与体育行政部门之间关系的界定仍处于空白,这就极大地约束了社会体育团体参与社会体育的治理。因此,建议完善《体育法》配套立法时解决上述存在问题,在配套立法中丰富体育行政部门的职权和职责,明确体育社会组织在社会体育治理中的职能等,实现体育领域的多元治理。

三、《全民健身条例》中公民参与机制的构建

保障公民体育权利实现的政策法规决策制定过程中存在轻民意的问题,造成轻民意的原因很大程度上在于缺乏公民参与的法律保障机制。本部分力求在《全民健身条例》中构建起合理的公民参与机制,调动公民参与的积极性和能动性,加强对体育行政部门的监督约束,解决公民体育权利实现过程中轻民意的现象,使公民能够真正参与到体育事业建设中,保障公民体育权利的实现,推动我国体育事业的发展。

(一)公民参与对体育权利实现的现实意义

人民主权理论和新公共服务理论等理论研究将公民提升到社会和国家治

理的中心地位,他们提倡构建法治国家,主张限制国家行政机关及公权力的使用,提倡政府树立"公众导向"的理念,发挥公民的主体作用。在体育事业发展中,保障公民体育权利的实现,"要深入了解民情,充分反映民意,广泛集中民智,切实珍惜民力,不断实现民权"。① 所以,必须重视建立合法有序的公民参与机制,了解公众体育需求,使体育决策更好地满足社会需求,从而保障公民基本体育权利的实现。

1. 公民参与是保障公民体育权利的重要条件

公民参与法治的过程不仅是现代法治的重要特征,也是公民民主权利的重要内容,《宪法》和法律对公民参与政治社会生活作出了明确的规定,提供了必要的制度法律保障。体育活动作为公民生活的主要内容之一,公民有权对国家体育政策方针的制定和体育事业的发展建言献策,有权知悉体育决策过程中的各种必要信息,从而避免体育权利被侵害,保障自身体育权利的实现。

《宪法》和法律赋予公民参与管理国家和公共事业的权利,人民又将权利委托给政府来行使,作为行使公民权利的受托者,政府应始终以维护公民合法权益为宗旨,实现"依法治国"的政治理念要求。为维护公民体育权利的实现,政府应积极听取公民的合法权益诉求,拓展公民的参与渠道,听取公民的意见,以此确立行之有效的体育方针政策,并建立必要的制度机制来保障公民的体育权利。②

2. 公民参与能够确保信息畅通,推动体育决策科学性

政府提供良好体育公共服务,保证公民体育权利的实现需要建立在科学决策以及通畅透明的信息之上。体育政策的科学性是保证体育事业顺利开展的根本,而决策的科学性则意味着政府的体育决策能够真实地反映民众的体育利益需求。因此,政府在提供体育服务时应构建起合理的民意反馈渠道,尽可能全面获取公民的利益需求,及时获得有用的信息,从而确保政府决策能够与时俱进,创新管理方式,使人们的体育权利和利益需求可以得到保证。完善公民参与机制,一方面可以使政府能够及时获取民众的体育需求,使政府按照反馈

① 梁巨龙:《我国公民参与公共政策制定的困境及对策》,载《四川理工学院学报(社会科学版)》2009 年第 3 期。

② 参见谢正阳等:《体育公共服务体系建设中公民参与的必要性、可行性及路径》,载《体育学刊》2011 年第 5 期。

的信息来调整政策措施，保证公民体育权利的同时，也可以减少社会公共资源的浪费；另一方面也能够确保政府公共体育服务更好地服务群众，保证决策的科学性，杜绝有关体育部门或团体对公民体育权利的侵害。

3. 公民参与是防止体育决策异化的外部监督力量

政府权力应是取之于民、用之于民，政府如何行使权力是一把“双刃剑”，使用得当则可为人民谋求利益，但权力一旦被行政机关滥用，就会产生决策异化的严重后果，对人民和社会造成极大的危害。事实上，我国现行的体育政策法规的制定和实施更多地表现出一种自上而下的“权力—服从”型模式。[①] 在这种模式下，公民的利益诉求往往很难得到充分的表达，而体育行政部门也会因为缺乏相应的监督体制，使得体育政策在大多数情况下不能反映社会现实，造成资源的浪费，甚至是政府公权力被滥用，直接侵害公民的体育权利。

针对这种情况，我们在改变行政机关内部监督管理模式的同时，也应该认识到人民的重要性，充分发挥公民参与机制，使人们能参与到政府决策的全过程，监督政府行为的实施，约束公权力的随意使用，从而推动体育公共服务事业的开展，保障公民的基本体育权利。

（二）《全民健身条例》中构建公民参与机制的必要性

虽然我国体育公共服务事业得到了长足的发展，但与公民的现实需求相比仍然存在较大的出入，所以，公民体育权利政策法规在制定过程中需要尊重民意，只有尊重公民对体育公共服务的需求，公民体育权利才可能得到充分地实现。为了使民意在公民体育权利政策法规制定中得到尊重，在《全民健身条例》中建构公民参与保障机制，充分发挥公民的主体性地位，就显得十分必要。

1. 构建公民参与机制有利于解决制度建设中的轻民意问题

我国《宪法》明确规定了参与权是公民的一项基本权利，中华人民共和国公民享有参与管理的权利、言论自由、监督权以及对国家机关和工作人员批评建议的权利。[②] 随着民主法治的不断发展，在体育领域虽然公民参与取得了很大

---

① 参见张红、江宇：《群众体育政策过程中的公民参与及其提升路径》，载《沈阳体育学院学报》2014 年第 5 期。

② 参见张千帆主编：《宪法学》，法律出版社 2008 年版，第 154 页。

的进步，但仍存在很多不足，公民参与现状并不理想。我国《体育法》及《全民健身条例》等法律法规虽然规定了公民所享有的体育权利以及政府对公民体育权利保护的义务，如2022年修订的《体育法》第20条规定，“地方各级人民政府和有关部门应当为全民健身活动提供必要的条件，支持、保障全民健身活动的开展”；《全民健身条例》第4条规定，“公民有依法参加全民健身活动的权利，地方各级人民政府应当依法保障公民参加全民健身活动的权利”。但这些体育法律法规中，有关公民参与体育及公民参与权利保障的规定是十分欠缺的。我国现行的《体育法》在第11章法律责任的规定中也没有涉及对公民参与体育事业发生侵权行为时的相关部门的责任认定。我国现行的《体育法》中关于公民参与的规定基本上是空白的，而公民参与政策法规决策制定的权利得不到保障，就难免造成保障公民体育权利制度建设中轻民意的现象。

为解决保障公民体育权利制度建设中轻民意的问题，立法机关应在《体育法》中构建公民参与机制，改变现有单纯的“自上而下”的体育立法模式。“官本位”思想文化下造就了官僚体制的独特地位，国家权力基本掌握在行政机关手中，排斥公民参与国家管理，在政策制度过程中完全以上级意志为主，忽视群众诉求和自身实际情况。[①] 所以，应改变传统公民立法参与过程中“自上而下”的模式，发挥公民的能动作用，将公民作为政策制定的主体，积极引导公民主动参与体育立法建设。[②] 发挥政府和公民的双向积极作用，就要改变以往以政府意志为主的局面，要保证公民参与到立法决策中，形成双方良性互动、约束行政权力、推动科学政策的局面。公民参与有利于促进解决公民体育权利制度保障中轻民意的问题，因此，有必要在《全民健身条例》中构建公民参与的法律保障机制。

2.《全民健身条例》中构建公民参与机制是《宪法》的要求

1982年《宪法》第一次在宪法层次上对参与制民主进行了明确的阐释，《宪法》第2条第3款规定，“人民依照法律规定，通过各种途径和形式，管理国家事务，管理经济和文化事务，管理社会事务”；第35条规定，“中华人民共和国公民

---

① 参见刘峥、唐炎：《公共体育服务政策制定中民意参与的困境与消解》，载《北京体育大学学报》2014年第11期。

② 参见张晓、岳盈盈：《打通立法与民意之间的最后一公里——关于破解地方立法公众有序参与困局的实证研究》，载《中国行政管理》2017年第2期。

有言论、出版、集会、结社、游行、示威的自由”。这些条文规定了我国公民所享有的知情权、参与权等各项权利,在《宪法》上明确了公民对国家政治社会生活享有管理和参与的权利,为公民参与提供了宪法上的保障,反映了公民参与的合理性与合法性,一定程度上要求所有政府和社会团体部门都应该保证公民的参与权利,确保公民参与权利的行使。

《宪法》中明确规定了公民享有参与国家事务管理的权利,所以,法律法规中就应该体现《宪法》中所确认的公民基本权利,使公民参与体育事业的基本权利能够在法律法规中得到充分的保障和实现。这样以宪法对公民参与政治社会生活的规定作为基础,一方面保障了公民参与的基本权利,另一方面也可以保证公民在体育领域同样享有参与管理体育事务的权利。

3.《全民健身条例》中构建公民参与机制是与其他法律法规衔接的要求

(1)《全民健身条例》的修改要求与《立法法》相衔接

《立法法》对公民参与的主体范围、方式途径以及其他法律关于公民参与提供了一定标准,《立法法》规定了各级政府应该充分保障公民的合法参与权,在体育领域,国家同样也要采取各种措施保证公民参与体育事业。但是,我国现阶段的《体育法》并不完善,关于公民参与的法律条文基本上是空白的,缺少具体的公民参与机制,公民参与保障不足就在所难免,轻民意问题也就随之产生。所以,在《体育法》的修正完善中要明确公民参与机制,使体育领域的相关责任主体能够积极发挥自身的作用,保障公民参与权利的实现,在体育法领域内构建起合理的公民参与机制。

(2)《体育法》的贯彻实施需要与《全民健身条例》相衔接

《体育法》和《全民健身条例》中都有对保障公民体育权利和群众性体育事业开展的立法规定。因此,在《全民健身条例》中明确公民参与制度,既能够保证公民有效参与体育决策,保护公民体育权利,同样也可以推动公民参与制度的建立,从而确保相关体育部门真正保护公民参与权利,提高行政效率及体育服务水平,在法律领域内建构起比较完备的公民参与机制。

4. 立法的前瞻性要求《全民健身条例》中构建公民参与机制

我国人民代表大会、人大常委会及其他有关部门制定出的许多法律法规中都对公民参与国家事务的权利予以规定,同时,将公民参与作为一种法定的程序固定下来。[①] 除了《宪法》第 2 条的规定以外,《立法法》第 6 条第 2 款也规定:“立法应当体现人民的意志,发扬社会主义民主,坚持立法公开,保障人民通过多种途径参与立法活动。”《宪法》和法律对公民参与国家事务的权利作出明确规定,这既是《宪法》对人民当家做主保障的要求,同时也是由于公民权利易受到政府公权力的侵害,因此将公民参与作为一项基本权利进行规定。《全民健身条例》作为行政法规,应该将公民参与在法规中明确规定,以确保公民参与体育事业,保障公民体育权利的实现。

《全民健身条例》作为体育领域内的行政法规,以法规形式明确规定公民的参与权利,对于保障公民体育权利的实现、限制体育行政部门滥用公权力、推动体育改革以及体育行政部门工作改进都有积极的作用。因此,我们应积极在《全民健身条例》中构建公民参与制度的相关规定。

(三)《全民健身条例》中公民参与机制的具体构建

如果公众能够参与到公民体育权利政策法规的制定中,一定能增强其对体育公共服务事业的信心,提高其参与政策法规制定的积极性,提升政策法规制定的民主化水平,增加政策法规中的民主元素,从而促进政策法规制定中轻民意问题的解决。在《全民健身条例》中构建公民参与机制,应该包括以下具体内容:确立信息公开原则;公民参与救济和评价机制;公民体育需求反馈机制;问责机制。

1. 确立信息公开原则

如果说服务型政府是参与政府,那么它必然是公开的、开放的政府,没有了公开性、开放性,也就没有了公众的自愿合作与参与。法律是公众参与体育活动的基石和保障,信息公开原则是公民参与的基本条件和前提,[②]因此,推动公民参与要求政府必须实行信息公开,保障公民能够获取相关的体育信息和政策。关于信息公开,我国《宪法》《政府信息公开条例》等法律法规都对其作出了明确的规定。为更好地推进体育权利实现过程中公民参与机制的完善,将信息公开原则作为《全民健身条例》中的一项基本原则就显得尤为必要。体育行

---

① 参见黄凤兰:《公众行政参与的法律应对及完善》,载《行政法学研究》2009 年第 2 期。

② 参见李清伟:《论服务型政府的法治理念与制度构建》,载《中国法学》2008 年第 2 期。

政部门的信息公开是保障公民知情权、参与权等权利的基础，是公民获取与自身利益密切相关的体育信息的主要方式来源。因此，我们应该高度重视信息公开原则对于公民参与的意义。在《全民健身条例》等相关体育法律法规中，以明确的法律条文形式确定信息公开原则，不仅可以提高体育行政部门的治理能力、工作效率，增强体育活动主体的合法性，还能够有效监督相关义务主体，推进体育法治建设，为公民参与体育政策法规的制定提供基础条件。①

2. 构建公民参与救济和评价机制

在《全民健身条例》等相关法律法规中，以法律条文的形式明确规定公民参与的救济制度和参与效果的评价制度，约束政府权力的行使，保障公民参与过程中权利受到侵害能够获得有效的救济。法律救济是公众参与体育决策过程的一个重要组成部分，建立必要的救济制度可以在一定程度上减少公民参与过程中权利所受到的损害，为公民体育权利提供救济保障。在这一过程中，应充分发挥政府财政支持作用，为公民参与提供充足的公共体育资源和体育信息，完善财政扶持和资金保障制度，为公民参与解决资金问题的困扰，使公民有便利的条件和充足的机会去参与公共体育决策，保障其体育权利实现。此外，政府还应该建立公民参与评估机制，对公民参与的效果予以及时有效的反馈。对公民参与过程中所提出的优良建议做出充分的回应，如果公众的建议合理，政府应该直接接受。政府也要约束行政权力，建立严格的考核评价体系，对公民参与体育决策过程中，行政机关做出的行为及时评价，从而防止公权力的滥用，损害公民的合法权益。

3. 构建公民体育需求反馈机制

政府在体育服务决策和保障公民体育权利时，首先应该主动了解公众的体育利益诉求，收集民众对体育决策的意见；其次应该充分利用社会资源，建立公众表达体育需求意愿的渠道，积极宣传和扩宽民意反映渠道，为民众搭建起与政府交流互动的平台。② 政府应根据当地实际情况，积极运用社会资源力量，为公民体育需求反馈构建平台，使公民能够参与到体育政策制定的整个过程。综

① 参见王文娟：《论信息公开原则引入〈体育法〉的重要意义》，载王小平、马宏俊：《体育法学专题研究》，中国政法大学出版社 2012 年版，第 311 页。

② 参见曹可强、兰自力：《论公众参与政府公共体育服务的决策》，载《体育学刊》2012 年第 6 期。

合运用各种资源条件不断完善公民听证、公民问卷调查、公众关键人物接触、公民体育政策制度全过程旁听、公民投诉、网络互动等具体形式，让公民能够充分反映自身的利益诉求，保障体育权利实现。

此外，公民参与需求的有效反馈需要注重公民体育意识的培养。超越公民传统单纯的“消费者”定位，积极培育公民参与体育公共服务和体育事业建设的意识，注重公民个人参与能力的培养，提升参与效率。① 公民也应该主动参与体育服务和政策制度的制定，积极学习各项体育法律政策，了解体育政策的价值意义，自觉提升自身体育权利意识。② 有效的公民参与要求公民具备良好的诉求表达能力，能够向体育行政机关表达自身的合法诉求。

4. 构建问责机制

问责制度的建立是国际学术界近几年来关于行政讨论较多的话题。政府权力所具有的特殊性，要求我们必须将权力约束起来，以避免权力的滥用。《体育法》中缺少对体育部门侵害公民参与体育决策权利的相关法律约束，导致公民参与体育决策无法得到有效的法律保障。为改变这一现象，建立对体育行政机关的问责机制就显得十分有必要。将问责制度写入《全民健身条例》，通过问责制度和法律法规来约束公权力，既可以使体育行政机关谨慎行使权力，也可以提升政府决策的科学性，完善公民参与机制。③

5. 构建社会团体参与体育决策的机制

政策学家史密斯认为：“在政策博弈的过程之中，维护自身利益最好的办法就是使这一阶层或群体的成员充分组织起来，用组织的力量来实现每个成员的利益最大化，组织化的利益显然会比分散的、未经组织的利益对政策的制定与执行有着更大的影响。”④众所周知，个人力量对体育决策和体育事业的影响是十分有限的，因此，要更好地推进体育事业的公民参与，就需要建立起必要的社会团体组织，将社会组织和团体的作用发挥至最大化。

我国《全民健身条例》对社会团体参与体育决策的规定基本上是不存在的，

---

① 参见刘艳：《公共体育服务多元参与机制创新研究》，载《北京体育大学学报》2016 年第 1 期。

② 参见张红、江宇：《群众体育政策过程中的公民参与及其提升路径》，载《沈阳体育学院学报》2014 年第 5 期。

③ 参见王旭：《公民参与行政的风险及法律规制》，载《中国社会科学》2016 年第 6 期。

④ T. B. Smith, *The Policy Implementation Process*, Policy Science, 1973(2), p. 204.

这对于公民利用其参与体育决策、保障体育权利是十分不利的，因此，必须在《全民健身条例》中明确规定公民利用社会团体组织参与体育决策的合法性与合理性。与此同时，针对体育立法中关于社会团体参与规定的缺失，我们应该积极完善相关法律法规，以法律条文的形式对社会组织团体参与体育决策予以保障，充分发挥其带领公民参与体育决策的重要作用。首先，赋予社会团体参与公共体育决策的权利。其次，注重保障其团体成员在决策过程中的参与，以充分发挥社会团体在体育决策中的参与作用。

健全公民参与机制意味着要对体育决策中的各项制度进行完善，如决策程序、公示制度、绩效评估制度等，从而使程序和配套措施更加健全和具有可操作性，避免公众体育参与过程的形式化和偶然性。①

四、公民体育权利均等化实现的制度建设

（一）公民体育权利均等化的含义及现阶段保障公民体育权利均等化的重点

在我国，公民体育权利已被《宪法》所确立，它是我国公民享有的基本权利之一，和受教育权等其他基本权利一样，是每个人享有的且是自由、平等的权利。公民体育权利均等化是指所有公民在"无歧视条件下"行使体育权利，而不是指实然结果上的均等。因为体育权利最终要由个人行使完成，而个人行使体育权利则受制于自己的闲暇时间、权利意识、个人禀赋等因素，不可能做到实然结果上的均等。公民体育权利的均等化是指公民不因性别、年龄、民族、地域、户籍而受到不同的待遇，其内涵包括三个方面：(1)公民享有的体育基本公共服务机会均等。尽管每个人的禀赋不同，占有的资源也不同，但在享有体育公共服务的机会方面均等。(2)公民享有的体育基本公共服务应该是大体相等。从结果上看，其应该是相对均等，而不是平均主义和绝对均等，享有的范围限于体育基本公共服务。(3)国家在向公民提供体育基本公共服务的过程中，应尊重

---

① 参见郝鹏飞、马钊、谢君：《河北省群众参与公共体育服务建设的思考》，载《合作经济与科技》2015年第10期。

公民的自由选择权。总之,公民体育权利均等化是指在承认地区、城乡、人群存在差别的前提下,保障所有公民享有最低标准的体育公共服务,其强调的是“底线均等”,目的是使地区间、城乡间和个体间享有大致一样的体育基本公共服务。

当前,我国公民体育权利的实现存在不均等的问题,主要表现为城乡不均等和区域不均等。由于我国一直是一个经济社会发展不平衡的大国,各地经济实力存在较大差异,国家财力有限,这种状况不可能短时间改变,会长时间地持续下去。同时,欠发达地区公民体育权利未能平等实现的主体人群主要还是广大农村地区的农民,欠发达地区的城市民众仍然可以平等地享受到政府提供体育基本公共服务。现阶段,公民体育权利实现均等化必须以农村为重点,着力提高农村体育基本公共服务的水平。鉴于此,本书主要探讨如何消除公民体育权利实现的城乡差别。

(二)现阶段通过改革现行财税体制实现公民体育权利均等化不具有可行性

学界普遍认为,造成公民体育权利实现城乡差异的主要原因在于历史上的城乡二元户籍结构和当前的财税体制,但随着我国工业化、城镇化进程的加快和户籍制度改革的深化,城乡二元结构被打破。2014 年,国务院发布《关于进一步推进户籍制度改革的意见》,提出取消农业户口和非农业户口的区分,建立城乡统一的户口登记制度,截至 2017 年,全国已有 30 个省份取消农业户口。所以,城乡二元户籍结构目前已不再是城乡公民体育权利均等化的制度障碍。目前,城乡公民体育权利的非均等化主要在于当前的财税体制。我国 1994 年实行的分税制改革实际造成了财权上移和事权下移。财权过分集中在中央,在中央财政进行财力集中之后,为了弥补财政不足,省级及市级财政又进行了集中,使基层政府的财政陷入困境。而事权和支出却没有发生变化,基层政府对体育基本公共服务的供给能力出现严重不足,使城乡之间体育基本服务的差距进一步拉大,公民体育权利实现不均等的程度加大。基于此,学者们普遍认为应该改革现行的财税体制,按照财权和事权对等的原则,调整政府之间的财权分配格局,这是城乡公民体育权利均等化调控的重要策略。[①] 但笔者认为,这种对策现阶段尚不具有可行性。一方面,财税集权体制的形成根本上源于我国是一个社会经济发展不平衡的大国,为了在全国范围内平等实现包括体育权在内的文化社会权利,中央必须有强大的财政做保障进行调控和配置资源,这也是发达国家实现公民体育权利均等化的成功经验。任何国家在发展的过程中,地区之间的经济差异都在所难免,中央财政充足才可能帮扶落后地区的体育公共资源的供给,才能在全国范围内实现公民体育权利的均等化。另一方面,我国尚处于社会转型期,政治体制改革和经济体制改革都没有完善,民生领域聚集了诸多矛盾,占有财富多的社会阶层占有相对多的社会资源,而处于社会底层的民众占有的财富资源则较少,不同阶层之间的差距愈加明显,导致社会冲突和不稳定因素增加。为了缓解两极分化,改善民生,实现共同富裕,中央需要掌握更多财力来解决这些社会矛盾。基于此,现阶段通过改革现行财税体制实现公民体育权利均等化不具有可行性。下文将从四个方面来谈现阶段保障公民体育权利均等化实现的制度完善:改革财政转移支付制度,增强县乡政府体育公共服务的能力;建立可持续性的农村体育基本公共服务的财政供给制度;体育公共服务向乡村适度倾斜逐步走向城乡统筹制度;建立法治化的城乡体育基本公共服务均等化评估和监督制度。

(三)现阶段保障公民体育权利均等化实现的制度设计

为了保证城乡公民体育权利均等化的实现,建立有关城乡体育公共服务均等化的立法保障十分必要,要加快促进城乡公民体育权利均等化的法治建设,制定《城乡公民体育权利均等化法》,使其成为体育立法体系的一部分。改革现行财税体制实现体育权利的均等化不具有可行性,制度设计不能超越阶段,《城乡公民体育权利均等化法》只能在现有财税体制下进行相应的制度设计,应重点放在以下的制度建设中:完善财政转移支付制度,增强县乡政府体育公共服务的能力;建立可持续性的农村体育基本公共服务的财政供给制度;体育公共

① 参见秦小平、黎文普:《城乡体育基本公共服务均等化》,北京体育大学出版社 2016 年版,第 107 ~ 109 页;罗攀:《论体育权利与体育公共服务均等化》,载《西安体育学院学报》2011 年第 4 期;刘玉:《发达国家体育公共服务均等化政策及启示》,载《上海体育学院学报》2010 年第 5 期。

服务向乡村适度倾斜逐步走向城乡统筹制度；建立城乡体育基本公共服务均等化评估和监督制度。

1.完善财政转移支付制度，增强县乡政府体育公共服务的能力

保障公民体育权利实现的事权主要由县级及乡级政府承担。现阶段，由于现有财税体制尚有存在的较大合理性，所以，地方政府财权与事权相匹配的财税体制尚无法建立。缩小城乡体育公共服务的差距，实现城乡居民体育权利的均等化，需要解决城乡财力差距过大的问题。实践中，尽管乡镇政府是直接面对农村的基层政府，是实现农民体育权利的重要组织者和农村提供公共设施的建设者，但其本身并无独立的财政能力，只能依靠上级政府的拨款来发展乡村体育事业，故不可能在乡级政府实现财权与事权的统一。目前，现实可行的方案是建立以县政府为主的体育公共服务供给体制，把提供农村公共服务作为县级政府的责任，而这就需要充实县级政府的财政，让城乡公民体育权利均等化的实现有所保障。当前，财政转移支付是充实县级等财政的主要手段，但目前的财政转移支付制度具体到体育领域还存在明显的问题：第一，我国的财政转移支付的资金很少用于体育基本公共服务；第二，承担农村体育公共服务供给任务的县级政府的财力并没有得到明显增强。为了实现公民体育权利均等化，需要完善当前的财政转移支付制度。

首先，加强中央对地方政府的转移支付力度，在提高一般性转移支付比重的同时，还要加大专项转移支付的力度。一般性转移支付和专项转移支付均具备同等化的作用，在促进地方政府增加体育基本公共服务的供给时，由于一般性转移支付不规定资金的具体用途，因此地方政府可以充分发挥自主性，具体问题具体分析，有针对性地提供体育基本公共服务。从全国范围来讲，由于各地情况不同，故应结合当地实际逐步提高一般性转移支付的比重，使其成为转移支付最主要的形式。在过去，政府职能的缺位导致农村体育基本公共服务长期处于空白状态，为使农村体育基本公共服务有一个较大的飞跃，加强地区专项转移支付力度就显得十分重要。

其次，规范省级以下政府间的转移支付制度。一是要针对省对市和县的转移支付不规范以及随意性较强的问题加以解决；二是要加强省对市和县的一般性转移支付力度，使市政府和县政府有充足的财力和充分的自主性，以保证城乡体育基本公共服务的实现；三是加强省级政府对市、县级政府提供农村体育

基本公共服务的专项转移资金,以解决历史欠账问题。总之,要充分发挥财政转移支付的作用,提高农村体育基本公共服务水平,促进城乡体育基本公共服务均等化建设。

最后,实行省直管县体制。伴随着经济发展,“市管县”体制牢牢束缚了县乡政府提供体育基本公共服务的能力,因此改变以往的“市管县”模式,完全实行省直管县体制势在必行。尽管目前我国一些地方实行了“省管县”的体制模式,但大部分地区仍然是“市管具”体制模式。“市管县”体制模式是在20世纪80年代初形成的,这一体制之目的是要发挥城乡合治、以市带县的作用,不可否认,该模式在我国城市化发展过程中发挥着十分重要的作用。然而,随着县域经济的不断发展,市对县域经济的制约作用也日益凸显。在目前一切以经济为中心和GDP考核机制的导向下,市县两级相互争利的现象导致县域经济无法发展壮大,进而形成了难以破解的县乡财政困难的问题,使农村地区的基本公共服务远远落后于城市。在实行省直管县体制模式以后,可以充分发挥中央、省级专项转移支付制度的作用,提高转移支付资金的透明度,针对新增项目,重点照顾基本公共服务领域,并对专项转移支付中的不合埋因素进行调整或取缔。此外,为充分发挥转移支付资金的效益,应建立科学有效、适应公共服务型政府要求的绩效评价及问责制度,为实现城乡体育基本公共服务均等化提供动力支持。

2. 建立可持续性的农村体育基本公共服务的财政供给制度

在影响城乡体育基本公共服务均等化实现的众多因素中,财政实力是一个重要因素。当前,体育公共服务供给的资金主要来源于基金、彩票公益金和专项资金。具体来讲,有县级以上政府用于体育事业的经费和基金,即体育基本建设资金;有用于全民健身、维修体育设施,以及进行体育扶贫的体育彩票公益金;专项资金除了财政部拨付的资金以外,还有许多部门对系统内部的资金。虽然用于体育公共服务的基金供给来源不少,但仍旧出现了城乡体育基本公共服务差距过大的现象。分析后可知,其主要有以下三个原因:一是制度不完善,使用于体育公共服务的资金,尤其是用于农村体育公共服务的资金大多只用于扶贫,没有系统化的规定,且资金供给不持续;二是《体育法》对体育公共服务资金的规定往往是原则性的,不够清晰、明确;三是在对体育公共服务资金的支出中,有向城镇偏向、轻视农村的现象。

为了实现公民体育权利均等化，基层政府需要有充足的财政实力，同时还需要基层政府将财政资金不断地用到体育公共服务上，尤其是农村体育基本公共服务。为避免出现千人秧歌、万人太极的形象工程，真正实现城乡体育基本公共服务均等化，必须建立可持续的农村体育基本公共服务财政支持机制，调整现有政策制度，推动更多财政资金投入农村体育基本公共服务领域。

要建立可持续发展的农村体育基本公共服务财政支持体系，现阶段还需要走以政府为主，以自主扶持为辅的道路。首先，为适应我国已经进入城市支持农村、工业反哺农业新阶段的要求，应重新调整国民收入分配格局及财政支出结构，使其更多地向农村地区倾斜。建立健全财政支出稳定长效机制，实现公共服务资金对农村的可持续性供给。其次，合理调整财政支农资金的支出结构，加大对农村体育基本公共服务的投入力度，建立对农村体育基本公共服务的单项财政保障制度，使政府对农村体育基本公共服务的供给逐步纳入公共财政的保障范围并持续制度化、经常化，逐步缩小城乡间体育基本公共服务的差距。

3. 体育公共服务向乡村适度倾斜逐步走向城乡统筹制度

长期以来，我国各项事业采取的都是城乡二元化的发展模式，使有限的体育公共资源主要用于城市，再加上税制改革，取消农业税后，基层政府能支配的公共资金短缺，使农村体育公共服务的供给总量严重不足，城乡体育公共服务的差距变得更大，公民体育权利被边缘化的现象日益严重。由于历史欠账太多，现阶段，实现城乡体育公共服务均等化必须以农村为重点，政府财政要适当地向农村倾斜，增加农村体育基本公共服务的供给，以弥补历史旧账。

在城乡体育公共服务差距得到明显缩小之后，要建立城乡体育公共服务统筹制度，让城乡每一个人的体育权利都能够得到大致均衡的实现。建立城乡统筹的体育公共服务制度是实现公民体育权利均等化的关键。过去，我国广大农村实行的基本上是自足型的体育基本公共服务制度，而城市实行的是政府主导型的体育基本公共服务供给制度。对农村的供给也仅仅局限在“扶贫”上，没有稳定的、持续的体育基本公共服务制度的保障。公民体育权利作为一项基本权利，每个公民都平等享有，为城乡的每一位居民提供公平而均等的体育基本公共服务是政府的职责。建立城乡统筹的体育公共服务基本制度，一方面，要让政府承担农村的体育基本公共服务的供给责任，把作为制度外供给的农村体育基本公共服务转变为制度内供给;另一方面,使城乡居民享有的体育基本公共服务达到基本均等。

为促进城乡公民体育权利均等化的实现,政府要建立专门机构,以统筹城乡体育基本公共服务的发展。建立促进城乡体育基本公共服务发展专属的职能部门,给予其充分的行政权力,明确其组织职能,完善其与政府行政部门最高领导人的沟通与决策通道。在促进城乡体育基本公共服务均等化的发展上,要实现其充分的民主和自治。负责城乡体育基本公共服务均等化发展的专职部门,可以叫"统筹城乡体育发展管理局"或"城乡体育基本公共服务均等化发展局",简称城乡体育管理局,由党委、政府直接任命,在遵守国家法律法规的前提下,充分保障其在城乡体育基本公共服务上各项方针政策的直接决策权,使城乡体育基本公共服务均等化工作得到高效运行。

表 4-1 东南地区部分省体育健身工程情况

年份	项目	江苏	浙江	安徽	福建	江西
2017	项目数量/个	230	118	99	60	72
	场地面积/平方米	370, 322. 00	119, 952. 00	133, 570. 00	34, 005. 00	114, 018. 00
	投资总额/万元	19, 233. 93	1934. 60	1828. 66	1825. 60	1967. 62
2018	项目数量/个	268	133	190	45	186
	场地面积/平方米	310, 136. 33	241, 216. 00	384, 855. 00	38, 988. 00	178, 389. 00
	投资总额/万元	30, 236. 26	10, 989. 92	18, 438. 17	3293. 78	22, 087. 45
2020	项目数量/个	323	206	143	96	24
	场地面积/平方米	244, 794. 00	118, 275. 00	62, 079. 00	17, 935. 00	31, 111. 00
	投资总额/万元	12, 580. 04	7295. 57	1760. 27	1205. 39	1050. 01

资料来源:国家体育总局经济司:《体育事业统计年鉴》(2018、2019、2021 年版);《体育事业统计年鉴》(2020 年版)2019 年数据中没有相关数据的记录。

在表 4-1 中,通过对近 2017~2020 年东南地区部分省市乡镇体育健身工程情况分析调查,我们可以发现在江苏省、浙江省、安徽省、福建省、江西省五个省中,相对于其他四个省来讲,江苏省乡镇地区 2017~2020 年对于乡镇体育健身工程的投资一直保持在较高水平,到了 2020 年,就全面处于明显地领先地位。江苏省之所以取得这样的成绩,主要与其高度重视体育服务的城乡一体化发展、统筹城乡体育公共服务的举措密不可分。因此,推动公民体育权利均等化，必须实行体育公共服务城乡统筹制度。

4. 建立法治化的城乡体育基本公共服务均等化评估和监督制度

完善的评估体系是指导和引领体育基本公共服务均等化发展的重要工具。在体育基本公共服务供给的过程中，建立一个科学而有效的评价标准、评价指标以及评价方法，有助于为责任主体提供一个明确的方向。

在我国经济社会的转型期，虽然经济取得了巨大的发展，但由于我国地域广阔，情况复杂，与均等化的要求还有很大的差距，加上我国行政管理体制改革缓慢，所以，建立和完善体育基本公共服务均等化的评价标准、指标体系和科学的评估方法十分重要。目前，首先，根据各方数据的采集，确定全国性体育基本公共服务的国家标准；其次，确立不同发展阶段体育公共服务均等化的评价标准、不同领域和地区的评价标准以及评价标准的原则，对我国体育基本公共服务均等化的发展进行指导。要建立一个体育基本公共服务均等化发展的国家标准与评价体系是十分复杂和困难的，并且评价体系也需要是动态的，在不同的地区，指标的权重是不能完全相同的。

现阶段要把体育基本公共服务评价体系纳入政府体育管理部门的绩效评估之中，使其成为激励、约束各级政府体育管理部门进行体育基本公共服务均等化发展的重要工具。为了保证评估体系能够发挥很好的作用，还需要建立相应的制度。另外，评估体系应坚持透明性和公开性的原则，以居民满意度为核心，建立多元化的绩效评估机制，为我国体育基本公共服务均等化的发展保驾护航。

建立健全体育基本公共服务发展的监管机制，改变我国传统各项事业发展中的内部监督模式（自己监督自己），让多方主体，如体育主管部门、各级人大、政协、体育政策执行客体、新闻媒体等都参与到体育基本公共服务均等化发展的监督体系中来，构建多元监督主体，形成一个立体监管网络体系，进而对体育基本公共服务均等化发展的过程实行网状监督，使体育基本公共服务的均等化供给在阳光下进行。

绩效评估是一项非常重要的激励制度，也是一个重要的工作和行动目标，具有很强的导向作用，主要目的在于通过科学的方法来评定相关人员在职务上的工作效果。政府绩效评估是引导政府行政部门及其行政工作人员树立正确的行政方向、尽职尽责地做好各项政府行政工作的一项重要制度，同时，绩效评估也是实行行政问责的重要基础,对政府公共行政部门的行政行为起着约束和引导作用。科学而完善的评估体系有助于提高政府公共服务部门基本服务的供给效率,可以强化对政府公共部门的约束引导,提高政府提供公共服务的效率和水平。

实践中,我国对政府部门的绩效评估存在一些漏洞,不够制度化和法律化,无法达到依法治体的要求。长期以来,因为没有建立有效的体育公共服务绩效评估制度,因此各级政府缺乏体育公共服务的足够积极性。上级政府在对下级政府的工作成绩进行考评时,往往注重竞技体育的业绩指标,较少考虑群众体育的工作成绩,从而使下级政府注重见效快的竞技体育的投入,追求短期利益,而忽视体育公共服务的发展,大大制约了公民体育权利,尤其是农村公民体育权利的实现。我国每年的体育资金使用情况都有被公布,但对这些体育资金的具体使用途径和实效却很少有评估,例如,体育公共服务的采购方式,体育设施供给是否公平,供给的效率和效果如何,资金的拨发渠道及在城乡体育服务中的分配,资金使用的相关政策等。不仅这些评估制度没有建立,其背后的法律依据也不健全。只有建立城乡体育基本公共服务均等化的评估制度,明确评估的主客体、评估程序,进一步确立奖惩制度,使评估制度法律化,才能充分发挥其监督效能。具体来讲,就是明确城乡体育基本公共服务资金供给的来源、途径、使用范围、使用方式,在城乡体育服务中的划分,以及资金使用实效。通过对主客体的考核,明确主客体的权利义务,促进城乡体育基本公共服务的均等化。

现阶段,我们还要不断完善体育公共服务均等化发展的监督制度,加强社会对体育基本公共服务均等化发展监督方面的立法,使社会体育基本公共服务均等化监督主体的地位、权限,行使监督权的方式、步骤、程序都能够有明确的法律依据,以保证我国体育基本公共服务均等化发展中监督过程的规范化与制度化。

参考文献

一、论文

1. 杨腾:《体育权:权利泛化语境下的虚构概念》,载《武汉体育学院学报》2014 年第 6 期。

2. 高景芳:《论公民体育权的宪法属性——一个“半真正未列举权”的视角》,载《武汉体育学院学报》2016 年第 8 期。

3. 张健:《体育权利研究的限度与转型》,载《成都体育学院学报》2017 年第 1 期。

4. 姜世波:《论体育权作为一种新型人权》,载《武汉体育学院学报》2018 年第 4 期。

5. 李丽、张林:《民生财政视域下的民生体育发展研究》,载《体育科学》2013 年第 5 期。

6. 李静、张卫平、沈巧儿:《全民共享体育公共服务的制度困境与优化研究》,载《南京体育学院学报(社会科学版)》2010 年第 3 期。

7. 马宏俊:《政府体育公共服务体系法律规制研究》,载《体育科学》2013 年第 1 期。

8. 汪文奇:《我国农村公共体育服务发展的制度贫困与制度创新》,载《体育学刊》2014 年第 5 期。

9. 戴健、张盛、唐炎等:《治理语境下公共体育服务制度创新的价值导向与路径选择》,载《体育科学》2015 年第 11 期。

10. 赵元吉:《国家治理体系框架下中国公共体育服务制度建设的困境与突破》,载《成都体育学院学报》2015 年第 6 期。

11. 谢微、易燕:《我国公共体育服务问责制度研究》,载《体育文化导刊》2015 年第 5 期。

12. 汪全胜、黄兰松:《论公共体育设施的供给及制度保障》,载《武汉体育学院学报》2015 年第 9 期。

13. 黄明涛:《我国宪法"体育权利"的文本表述与制度实现》,载《体育文化导刊》2017 年第 4 期。

14. 陈华荣:《实施全民健身国家战略的政策法规体系研究》,载《体育科学》2017 年第 4 期。

15. 田思源:《〈体育法〉修改的核心是保障公民体育权利的实现》,载《天津体育学院学报》2011 年第 2 期。

16. 庹继光:《公民体育权利实现跨越〈体育法〉修订——以实然权利保障为分析视角》,载《沈阳体育学院学报》2017 年第 1 期。

17. 刘玉:《体育公共服务市场化改革——发达国家经验及借鉴》,载《北京体育大学学报》2012 年第 11 期。

18. 童丽平:《西方国家体育权利均等化的二大基石及对我国的启示》,载《上海体育学院学报》2014 年第 4 期。

19. 闫士展、汤卫东:《芬兰体育法的基本内容与立法特征》,载《广西大学学报(哲学社会科学版)》2018 年第 4 期。

20. 葛卫忠:《我国体育权利的分类》,载《体育学刊》2007 年第 6 期。

21. 于善旭:《再论公民的体育权利》,载《体育文史》1998 年第 1 期。

22. 张振龙、于善旭、郭锐:《体育权利的基本问题》,载《体育学刊》2008 年第 2 期。

23. 王书成:《合宪性推定的正当性》,载《法学研究》2010 年第 2 期。

24. 徐显明:《人权的体系与分类》,载《中国社会科学》2000 年第 6 期。

25. 郭道晖:《论权利推定》,载《中国社会科学》1991 年第 4 期。

26. 黄鑫:《作为基本权利的体育权及其双重性质》,载《体育学刊》2016 年第 2 期。

27. 龚向和:《国家义务是公民权利的根本保障——国家与公民关系新视角》,载《法律科学(西北政法大学学报)》2010 年第 4 期。

28. 董灵:《环境权与环境法制创新》,载《法学家》1997 年第 3 期。

29. 姜世波:《从人权法视域反思我国的体育权利研究——兼与张健博士商榷》,载《体育成人教育学刊》2018 年第 1 期。

30. 严海良:《"国家尊重和保障人权"的规范意涵》,载《法学杂志》2006 年第 4 期。

31. 韩大元:《宪法文本中的"人权条款"的规范分析》,载《法学家》2004 年第 4 期。

32. 于善旭:《从提倡到保障:新中国体育权利立法的发展与期待》,载《体育学刊》2010 年第 7 期。

33. 李建良:《基本权利理论体系之构成及其思考层次》,载李建良:《宪法理论与实践》,学林文化实业有限公司 1999 年版。

34. 刘玉:《发达国家体育公共服务均等化政策及启示》,载《上海体育学院学报》2010 年第 3 期。

35. 于善旭:《论公民的体育权利》,载《体育科学》1993 年第 6 期。

36. 冯玉军、季长龙:《论体育权利保护与中国体育法的完善》,载《西北师大学报(社会科学版)》2005 年第 3 期。

37. 陈华荣:《体育的宪法保障研究——对全球成文宪法体育条款的比较分析》,苏州大学 2011 年博士学位论文。

38. 黄世席:《国际体育运动中的人权问题研究》,载《天津体育学院学报》2003 年第 3 期。

39. 于善旭:《论公民体育权利的时代内涵》,载《北京体育大学学报》1998 年第 4 期。

40. 李雁军:《体育与人权》,载《体育文化导刊》2001 年第 4 期。

41. 邓小刚、朱桂莲:《一项国际性的人权——体育权的发展》,载《体育文化导刊》2004 年第 4 期。

42. 董小龙:《中国公民体育权利的法律保护》,载《宁夏党校学报》2009 年第 2 期。

43. 杨思留:《论我国宪法的效力及其实现》,载《甘肃社会科学》2009 年第

6 期。

44. 朱福惠、徐振东:《现代宪政条件下的宪法效力》,载《法制与社会发展》2006 年第 3 期。

45. 范进学、张玉洁:《宪法法律化:中国法治之未竟事业》,载《山东大学学报》2012 年第 1 期。

46. 张翔:《基本权利限制问题的思考框架》,载《法学家》2008 年第 1 期。

47. 张翔:《基本权利的受益功能与国家的给付义务——从基本权利分析框架的革新开始》,载《中国法学》2006 年第 1 期。

48. 张翔:《基本权利的双重性质》,载《法学研究》2005 年第 3 期。

49. 韩永红:《论我国宪法对体育运动保障之具体化》,载《法学评论》2013 年第 4 期。

50. 肖永平、陈星儒:《我国〈体育法〉中政府职责与体育权利的错位与调适》,载《广西大学学报(哲学社会科学版)》2018 年第 4 期。

51. 朱孔洋、高升:《全民健身战略背景下公民体育权利实现困境与对策》,载《体育文化导刊》2018 年第 9 期。

52. 张焱:《破解人均不足 1.6 平方米的全民健身场馆之困》,载《光明日报》2018 年 6 月 5 日,第 2 版。

53. 罗攀:《论体育权利与体育公共服务均等化》,载《西安体育学院学报》2011 年第 4 期。

54. 李俊明、常乃军:《我国公民体育权利法规建设研究》,载《体育文化导刊》2010 年第 1 期。

55. 于善旭、李先燕:《论修改〈体育法〉的目的、原则与取向》,载《体育学刊》2017 年第 5 期。

56. 徐鸿鹏:《关于学校体育设施对外开放的立法研究》,载《南京体育学院学报(社会科学版)》2008 年第 1 期。

57. 张健:《中国地方体育立法现状与发展前景》,载《体育科学》2016 年第 11 期。

58. 王亚新:《程序·制度·组织——基层法院日常的程序运作与治理结构转型》,载《中国社会科学》2004 年第 3 期。

59. 刘秋燕、范春晶:《中国群众体育政策执行偏差的表现及原因分析》,载

《经济研究导刊》2013 年第 15 期。

60. 刘玉、隋红、田雨普:《转型期我国社会体育政策执行偏差的主体因素研究》,载《山东体育学院学报》2010 年第 2 期。

61. 张瑞林、王晓芳、王先亮:《我国全民健身公共政策执行阻滞分析》,载《上海体育学院学报》2013 年第 4 期。

62. 刘国永:《对新时代群众体育发展的若干思考》,载《体育科学》2018 年第 1 期。

63. 秦勇、张秋:《我国城乡体育公共服务均等化的相关环境影响因素研究》,载《体育与科学》2012 年第 3 期。

64. 王凯、乔泽波:《城乡体育公共服务均等化的制度约束与创新》,载《上海体育学院学报》2013 年第 4 期。

65. 于善旭、李先燕:《论修改〈体育法〉的现实紧迫性与可行性》,载《武汉体育学院学报》2017 年第 9 期。

66. 毕森、王松:《对完善我国公共体育服务法律体系的思考》,载《体育文化导刊》2018 年第 4 期。

67. 汪全胜、黄兰松:《论立法的正当性——以立法成本效益评估制度的建立为视角》,载《山东社会科学》2016 年第 1 期。

68. 万红燕:《我国彩票业发展中的问题及其对策》,载《合肥工业大学学报(社会科学版)》2001 年第 4 期。

69. 黄云鹏:《我国公共服务监管问题探析》,载《宏观经济管理》2009 年第 8 期。

70. 董新光:《论公共体育资源配置的不平衡及改革取向》,载《体育文化导刊》2007 年第 3 期。

71. 卢文云、卢文洲、陈珍怀:《统筹城乡发展中的村落体育公共服务现状研究》,载《北京体育大学学报》2016 年第 7 期。

72. 于善旭、李先燕:《论修改〈体育法〉的内容结构调整与技术质量提高》,载《上海体育学院学报》2018 年第 2 期。

73. 于善旭:《〈中华人民共和国体育法〉的颁行成效与完善方策》,载《体育科学》2015 年第 9 期。

74. 黄鑫、符丁友:《公民体育权利保障与〈体育法〉修改》,载《广西社会科学》2016 年第 1 期。

75. 梁恒:《我国现行体育法律文本法律责任规定的缺陷与完善》,载《武汉体育学院学报》2014 年第 3 期。

76. 常乃军、李荣、陈远军:《公民体育权利法律化是体育持续健康发展的必然选择》,载《成都体育学院学报》2010 年第 2 期。

77. 胡科、黄玉珍、金玉强:《作为权利的体育》,载《体育学刊》2007 年第 2 期。

78. 吴文平:《论农民体育权利法律保障与实现的国家义务》,载《吉首大学学报(社会科学版)》2014 年第 6 期。

79. 吴亮:《法律位阶视阈下〈体育法〉的修改研究》,载《西安体育学院学报》2014 年第 5 期。

80. 段鸿斌:《体育扶贫:法律意涵、政策机制与实施路径》,载《武汉体育学院学报》2017 年第 8 期。

81. 雷磊:《法律方法、法的安定性与法治》,载《法学家》2015 年第 4 期。

82. 刘作翔、龚向和:《法律责任的概念分析》,载《法学》1997 年第 10 期。

83. 张贤明:《政治责任的逻辑与实现》,载《政治学研究》2003 年第 4 期。

84. 丰霏:《从立法技术到治理理念——中国语境下法律激励理论的转向》,载《法商研究》2015 年第 3 期。

85. 王增文、邓大松:《财政分权不充分、竞争策略扭曲与社会救助支出:内在逻辑与中国的实际》,载《社会保障研究》2015 年第 2 期。

86. 刘春湘、郭梓焱:《当前我国社会组织公信力危机及重构》,载《湘潭大学学报(哲学社会科学版)》2016 年第 4 期。

87. 韩春晖:《行政决策终身责任追究制的法律难题及其解决》,载《中国法学》2015 年第 6 期。

88. 丰霏:《法律治理中的激励模式》,载《法制与社会发展》2012 年第 2 期。

89. 梁巨龙:《我国公民参与公共政策制定的困境及对策》,载《四川理工学院学报(社会科学版)》2009 年第 3 期。

90. 谢正阳等:《体育公共服务体系建设中公民参与的必要性、可行性及路径》,载《体育学刊》2011 年第 5 期。

91. 张红、江宇:《群众体育政策过程中的公民参与及其提升路径》,载《沈阳体育学院学报》2014 年第 5 期。

92. 刘峥、唐炎:《公共体育服务政策制定中民意参与的困境与消解》,载《北京体育大学学报》2014 年第 11 期。

93. 张晓、岳盈盈:《打通立法与民意之间的最后一公里——关于破解地方立法公众有序参与困局的实证研究》,载《中国行政管理》2017 年第 2 期。

94. 黄凤兰:《公众行政参与的法律应对及完善》,载《行政法学研究》2009 年第 2 期。

95. 李清伟:《论服务型政府的法治理念与制度构建》,载《中国法学》2008 年第 2 期。

96. 曹可强、兰自力:《论公众参与政府公共体育服务的决策》,载《体育学刊》2012 年第 6 期。

97. 刘艳:《公共体育服务多元参与机制创新研究》,载《北京体育大学学报》2016 年第 1 期。

98. 王旭:《公民参与行政的风险及法律规制》,载《中国社会科学》2016 年第 6 期。

99. 郝鹏飞、马钊、谢君:《河北省群众参与公共体育服务建设的思考》,载《合作经济与科技》2015 年第 10 期。

100. 罗攀:《论体育权利与体育公共服务均等化》,载《西安体育学院学报》2011 年第 4 期。

101. 刘玉:《发达国家体育公共服务均等化政策及启示》,载《上海体育学院学报》2010 年第 5 期。

102. 王锴、刘犇昊:《宪法总纲条款的性质与效力》,载《法学论坛》2018 年第 3 期。

103. 张翔:《宪法学为什么要以宪法文本为中心?》,载《浙江学刊》2006 年第 3 期。

104. 李步云、杨松才:《论人权的普遍性和特殊性》,载《环球法律评论》2007 年第 6 期。

105. 国家体育总局政策法规司法规处:《改革开放四十年中国体育法治建设研究》,载《体育文化导刊》2018 年第 7 期。

106. 于善旭:《良法善治:新征程体育强国建设法治提升的审思》,载《体育与科学》2022 年第 4 期。

二、专著

1. 陈华荣、王家宏:《体育的宪法保障——全球成文宪法体育条款的比较研究》,北京体育大学出版社 2014 年版。

2. 张文显:《法理学》,高等教育出版社 2003 年版。

3. 谢瑞智:《宪法新论》,文笙书局 1999 年版。

4. 李建良:《宪法理论与实践》,学林文化实业有限公司 1999 年版。

5. 殷啸虎主编:《宪法学》,上海人民出版社 2003 年版。

6. 秦奥蕾:《基本权利体系研究》,山东人民出版社 2009 年版。

7. 汤卫东编著:《体育法学》,南京师范大学出版社 2000 年版。

8. [英]凡红、吕洲翔编著:《体育权利论》,四川科学技术出版社 2008 年版。

9. 张厚福:《体育法理》,人民体育出版社 2001 年版。

10. 王广辉:《比较宪法学》,北京大学出版社 2007 年版。

11. 王宏俊等:《我国公共体育服务体系研究》,苏州大学出版社 2016 年版。

12. 陈振明主编:《政策科学:公共政策分析导论》,中国人民大学出版社 2003 年版。

13. 秦小平、黎文普:《城乡体育基本公共服务均等化》,北京体育大学出版社 2016 年版。

14. 邓世豹主编:《立法学》,中山大学出版社 2016 年版。

15. 陈庆云主编:《公共政策分析》,北京大学出版社 2006 年版。

16. 李洪雷:《行政法释义学:行政法学理的更新》,中国人民大学出版社 2014 年版。

17. 杨建顺:《日本行政法通论》,中国法制出版社 1998 年版。

18. 朱新力、唐明良等:《行政法基础理论改革的基本图谱》,法律出版社 2013 年版。

19. 杨建顺编:《比较行政法——给付行政的法原理及实证性研究》,中国人民大学出版社 2008 年版。

20. 张恒山:《法理要论》,北京大学出版社 2009 年版。

21. 郭道晖:《法理学精义》,湖南人民出版社 2005 年版。

22. 张维迎:《信息、信任与法律》,生活 · 读书 · 新知三联书店 2006 年版。

23. 张千帆主编:《宪法学》,法律出版社 2008 年版。

24. 王小平、马宏俊主编:《体育法学专题研究》,中国政法大学出版社 2012 年版。

三、译著

1. [美]E. 博登海默:《法理学:法律哲学与法律方法》,邓正来译,中国政法大学出版社 2004 年版。

2. [美]埃莉诺 · 奥斯特罗姆:《公共事务的治理之道:集体行动制度的演进》,余逊达、陈旭东译,上海译文出版社 2012 年版。

3. [美]史蒂芬 · 霍尔姆斯、[美]凯斯 · R. 桑斯坦:《权利的成本:为什么自由依赖于税》,毕竟悦译,北京大学出版社 2004 年版。

4. [美]霍菲尔德:《基本法律概念》,张书友编译,中国法制出版社 2009 年版。

5. [英]H. L. A. 哈特:《哈特论边沁——法律学与政治理论研究》,谌洪果译,法律出版社 2015 年版。

6. [美]阿瑟 · 奥肯:《平等与效率——重大抉择》,王奔洲等译,华夏出版社 2010 年版。

7. [美]道格拉斯 · C. 诺思:《经济史中的结构与变迁》,陈郁、罗华平等译,上海人民出版社 1994 年版。

8. [美]莱斯特 · M. 萨拉蒙、王浦劬等:《政府向社会组织购买公共服务研究:中国与全球经验分析》,北京大学出版社 2010 年版。

9. [澳]欧文 · E. 休斯:《公共管理导论》,张成福等译,中国人民大学出版社 2007 年版。

10. [美]N. 格里高利 · 曼昆:《经济学原理》(上册),梁小民译,北京大学出版社 1999 年版。

附件 1

关于政府公共服务投入和执行影响因素的调查问卷

尊敬的朋友：

您好！非常感谢您在百忙之中抽出时间接受我们的问卷调查。本调查所得结果仅用于数据统计，绝对不会泄露您的隐私。

非常感谢您的支持与合作！

1. 您的年龄是？[单选题][必答题]

○ 20 周岁以下

○ 21～30 周岁

○ 31～40 周岁

○ 41～50 周岁

○ 51～60 周岁

○ 61 周岁及以上

2. 您了解政府公共服务投入的领域有哪些吗？[单选题][必答题]

○非常了解

○一般了解

○听过，但不了解

○完全没听过

3. 您觉得政府对公共服务领域的投入及执行对公众的生活影响如何？[单选题][必答题]

○影响很大，与生活密切相关

○影响较大,会对公众生活产生一定关系

○基本没什么影响,没有什么关系

4. 您认为政府对公共服务的投入有必要吗?[单选题][必答题]

○十分有必要,不可缺少

○完全没必要,与我的生活关系不大

5. 您最关注的政府重点投入的领域有哪些?[多选题][必答题]

○基本社会保障

○卫生和基本医疗保障

○义务教育

○环境保护

○公共就业服务

○公共文化和体育事业

6. 您觉得行政机关对于公共服务投入效果的影响如何?[单选题][必答题]

○影响很大,政府在其中发挥着重要的作用

○影响一般,政府并不能发挥全部作用

○基本没有影响

7. 您对于政府公共服务执行的情况和效果关注吗?[单选题][必答题]

○非常关注

○比较关注

○偶尔会关注

○完全不关注

8. 您认为影响行政部门公共服务执行效果的因素是什么?[多选题][必答题]

○责任意识

○部门利益

○工作作风

○全局意识

○奖励机制

9. 您对政府公共服务投入的意见有哪些?[选答题]

附件 2

关于社区公民体育权利行使情况的调查问卷

尊敬的朋友：

您好！非常感谢您在百忙之中抽出时间接受我们的问卷调查。本调查所得结果仅用于数据统计，绝对不会泄露您的隐私。

非常感谢您的支持与合作！

1. 请问您所居住的社区是在哪里？[单选题][必答题]

○ 市区

○ 县镇中心

○ 郊区

○ 农村

○ 其他________________

2. 您的年龄是？[单选题][必答题]

○ 20 周岁以下

○ 21～30 周岁

○ 31～40 周岁

○ 41～50 周岁

○ 51～60 周岁

○ 61 周岁及以上

3. 您对公民体育权利的了解有多少？[单选题][必答题]

○ 非常了解

○ 一般了解

○ 听过,但不了解

○ 完全没听过

4. 您认为体育权利是否为公民的一项基本权利?[单选题][必答题]

○ 属于公民基本权利

○ 不属于公民基本权利

○ 不清楚

5. 您所在的社区有供居民(村民)活动的体育场所吗?(比如公园等)[单选题][必答题]

○ 有

○ 没有

6. 您认为您所在的社区体育健身设施是否齐全?[单选题][必答题]

○ 齐全

○ 不齐全

○ 一般

○ 其他________________

7. 您每周使用社区体育设施的次数是多少?[单选题][必答题]

○ 0 次

○ 1 次

○ 2 次

○ 3 次以上

8. 请问您每次使用社区健身设施锻炼的时间大概为多久?[单选题][必答题]

○ 10 分钟

○ 20 ~ 30 分钟

○ 31 ~ 60 分钟

○ 60 分钟以上

9. 您对您所在社区的体育设施感到满意吗?[单选题][必答题]

○ 很满意

○ 一般

○ 不满意

○ 非常不满意

10. 您经常参加锻炼的场所是:[多选题][必答题]

□ 体育场馆

□ 社区健身场所

□ 公园、广场

□ 学校

□ 健身房

□ 公路、街道边

□ 其他

11. 您平常会去健身房锻炼吗?[单选题][必答题]

○ 会

○ 不会

12. 您选择去健身房的原因是?[多选题][必答题]

□ 社区的体育设施太少

□ 健身房氛围比较好

□ 健身房的体育设施齐全

□ 没去过,不知道

□ 其他________________

13. 您认为社区的公共健身设施适合所有人吗?[单选题][必答题]

○ 完全适合

○ 大多数适合

○ 个别适合

○ 完全不适合

14. 您所在社区的体育健身设施能否满足您的健身需求?[单选题][必答题]

○ 能满足

○ 基本能满足

○ 完全不能满足

15. 您所在的社区是否有管理者对健身设施进行管理呢？[单选题][必答题]

○ 有

○ 没有

○ 不清楚

16. 您觉得社区的公共健身设施是否存在安全隐患？[单选题][必答题]

○ 存在很多危险

○ 存在个别小隐患

○ 没有

○ 不清楚

17. 您认为您所在的社区体育健身设施还存在哪些问题？[多选题][必答题]

□ 设施不合理

□ 设施破坏严重

□ 无人管理

□ 设置地点不科学

□ 设施不完善

□ 设施种类单一

□ 场地设施数量不足

18. 您所在的社区是否有体育健身设施损坏却长期无人维修的情况？[单选题][必答题]

○ 有

○ 没有

○ 不清楚

19. 对于您所在社区的体育设施，您认为国家机关或政府单位需要做些什么调整？[多选题][必答题]

□ 设立维护社区体育健身设施的专门机构

□ 更新破旧的健身设施

□ 购进先进的健身设施

□ 加大经费投入

☐ 加强领导的重视

☐ 增强居民保护健身设施的意识

☐ 通过国家立法予以确认和保障

20. 您觉得国家和政府需要对体育设施进行改善的原因是什么？［多选题］［必答题］

☐ 社区的体育设施被破坏，久久没有维修

☐ 体育设施种类少

☐ 没有适合自己的体育设备

☐ 居民（村民）保护意识淡薄，不爱护体育设施

☐ 国家在这方面的立法空白

☐ 其他________________